Tengo sed
40 días con la Madre Teresa

Joseph Langford, M.C.

Augustine Institute
Greenwood Village, Colorado

Augustine Institute
6160 S. Syracuse Way
Greenwood Village, CO 80111
Tel: (866) 767-3155
www.augustineinstitute.org

Diseño de la cubierta: Lisa Marie Patterson

ISBN: 978-1-7327208-9-3

Library of Congress Control Number 2018965815

Impreso en Estados Unidos

La Madre Teresa, santa Teresa de Calcuta (1910-1997), fundadora de la Congregación de las Misioneras de la Caridad, fue una figura conocida y amada en todo el mundo por su trabajo entre los pobres. Nacida en Albania, entró en el convento de Loreto a la edad de 18 años y fue como misionera a la India, un año más tarde. En 1946, en un viaje en tren a Darjeeling, tuvo un profundo encuentro con Cristo que la guió hacia una nueva vocación de servir a los más pobres. Comenzó yendo a las calles de Calcuta a llevar consuelo y ayuda a los más necesitados. En 1950 recibió permiso para fundar su nueva congregación. Las Constituciones de las Misioneras de la Caridad hablaban de su objetivo como saciar la sed de Jesús sirviendo a los más pobres de entre los pobres, y en todas las capillas de sus hermanas, la Madre Teresa tenía las palabras de Jesús en la cruz —*Tengo sed*— inscritas junto al crucifijo.

El P. Joseph Langford (1951-2010) co-fundó, con la Madre Teresa, los Padres Misioneros de la Caridad en 1984 y fue el autor de *El fuego secreto de la Madre Teresa: el encuentro que cambió su vida* (Planeta, Barcelona 2008). Reconoció en el encuentro de la Madre Teresa con la sed de Jesús y su énfasis en saciar esa sed un poderoso símbolo del amor de Dios hacia cada persona y un camino para experimentar ese amor más profundamente. Las meditaciones reunidas aquí son del texto de sus notas inéditas para el retiro sobre la espiritualidad de la Madre Teresa que regularmente dio tanto a las congregaciones de Misioneras de la caridad como a muchos otros grupos.

Índice

III. El ejemplo de la Virgen

IV. Sed en el servicio de Dios

V. Participar en la sed de Cristo

VI. Jesús, encarnación de la sed de Dios

VII. Sed saciada

Introducción | La Madre Teresa y la sed de Dios

En su sed, Cristo moribundo busca otra bebida muy distinta del agua o del vinagre. Ahora, en la cruz, Jesús tiene sed de una humanidad nueva, como la que deberá surgir de su sacrificio, para que se cumplan las Escrituras. La sed de la cruz, en boca de Cristo moribundo, es la última expresión de ese deseo del bautismo que tenía que recibir y del fuego con el cual encender la tierra, manifestado por Él durante su vida. Ahora se va a cumplir ese deseo, y con aquellas palabras Jesús confirma el amor ardiente con que quiso recibir ese supremo «bautismo» para abrirnos a todos nosotros la fuente del agua que sacia y salva verdaderamente

—Pope St. John Paul II (General Audiencia, 30 de noviembre 1988)

Jesús es Dios, por lo tanto, su amor, su sed, son infinitos. El objetivo de nuestra Congregación [Misioneras de la Caridad] es saciar la sed infinita de un Dios hecho hombre.

Las primeras palabras de nuestras Constituciones, el objetivo, «Tengo sed»: ¿estamos demasiado ocupadas para pensar en eso? Las palabras «Tengo sed», ¿tienen eco en nuestras almas?

No sé cuál sed es mayor, si la suya o la mía hacia él.

—Madre Teresa (1950: Instrucciones, 1980: Carta, 1980)

Todos asocian a la Madre Teresa con el trabajo entre «los más pobres de los pobres», una misión que ella inauguró entre muchos pueblos de todos los continentes. Pero pocos tienen alguna idea de su mensaje real, del oculto fuego que ardía dentro de ella y la urgía a hacer todo lo que hizo con semejante compasión y amor.

El mensaje detrás de toda la actividad misionera de la Madre Teresa es simple pero sorprendente: en la pobreza y en la cruz de Jesús, Dios ha revelado su sed por nosotros y por nuestro amor. Sin embargo, esto es más que simplemente un mensaje verbal; es, ante todo, una realidad que se debe encontrar y experimentar, una y otra vez, cada vez más profundamente.

Cuando Jesús estaba sufriendo en la cruz, uno de los gritos que salió de su boca fue «¡Tengo sed!»* ¿Qué expresa este grito de «¡Tengo sed!»? Lo primero y más importante, expresa la sed de Dios por nosotros. Jesús, hablando en su naturaleza divina, reveló algo sobre Dios que de otro modo no habríamos conocido: que Dios tiene sed de nosotros y de nuestro amor. Pero hablando en su naturaleza humana, Jesús revela también algo sobre nosotros que podríamos no haber conocido nunca: que el hombre es una sed viviente de Dios. El grito «¡Tengo sed!» se refiere a ambos, a Dios y al hombre. Desde la caída de nuestros primeros padres, tanto la sed de Dios por la humanidad como la sed rota de la humanidad por Dios no se han saciado. Dios había intentado ser ahí una comunión saciada continuamente de sed entre él y sus hijos humanos, pero en cambio solo hubo distancia y separación. En el árbol del Calvario, por primera vez desde la comida del aciago árbol del Edén, la sed de Dios y de la sed del hombre se reunieron en completa armonía en la persona de Jesús.

---

* Jn 19,28.

El grito divino «¡Tengo sed!» resuena a lo largo de toda la historia de la salvación. El Antiguo Testamento es una preparación cuidadosa y magnífica para la plena revelación de la sed del Señor en la cruz. Jesús vino a llevar a plenitud la revelación del amor sediento de Dios ya empezado como un eco lejano de Adán y Abraham. Jesús reúne todos estos hilos de la revelación en él mismo. Esos personajes del Antiguo Testamento prepararon su venida, y, a su luz, podemos ver la plenitud de su significado y belleza.

La creación misma es un derramamiento de la sed infinita de Dios de amar y ser amado, incluso más allá de las fronteras de la Trinidad. Es el fruto de la efusividad divina para compartir este amor. La creación de los ángeles, la del universo material, la creación del hombre y de la mujer, nuestra propia creación única: todas son expresiones de la sed infinita de Dios de amar y ser amados.

Piensa en la sed que parece innata en el universo creado. La creación incesantemente tiene sed de Dios Creador, sin el cual no puede existir. Incluso la creación inanimada es un símbolo de esta sed universal de Dios. Sin embargo, el hombre es el mayor reflejo de la sed de Dios, porque sólo él es creado a imagen de Dios. Si Dios es una sed, también nosotros lo somos: una sed viviente de amar y ser amado.

A continuación, piensa en el pecado original. Dios es vida y cuando nuestros primeros padres apartaron su sed de él y hacia sí mismos, trajeron muerte sobre ellos mismos. Tanto la sed de Dios por el hombre como la sed frustrada del hombre por Dios aumentaron enormemente después del pecado.

Entonces Dios eligió a Israel como símbolo y canal de su sed por la humanidad. Él trazó su camino de restauración, dándoles el gran mandamiento de tener sed de él. Deseos de amor, sed de intimidad: la oportunidad de conocer y ser conocido por el amado, y compartir juntos la vida.

El vínculo de la alianza establecido entre Dios e Israel lo expresó Dios como su matrimonio con su pueblo. Él escogió el símbolo más completo de la sed de amor mutuo. El Cantar de los Cantares prefigura simbólicamente la boda de Dios y la humanidad; los capítulos finales del libro de Apocalipsis retratan su cumplimiento con las bodas del Cordero.

Cuando la sed de Dios se une con la sed humana, como sucedió en el Calvario, ocurren milagros de gracia y resurrección. Aquí podemos encontrar el secreto de la vocación cristiana: la unión de estos dos tipos de sed en nuestros propios corazones. Con demasiada frecuencia, lo que falta en esta unión deseada de ambos tipos de sed es nuestra propia sed de Jesús. Si nos fijamos de cerca en la Madre Teresa encontraremos que su única característica más sorprendente era —más allá de su caridad y más allá de su celo—, su profunda sed de Jesús. Este es entonces el umbral a través del cual podemos caminar si deseamos profundizar nuestra propia experiencia de la sed de Jesús hacia nosotros, la misma puerta que abrió la sed Dios hacia la Madre Teresa: la renovación y la profundización de nuestra propia sed hacia él. Nuestra sed de Dios es el elemento invisible que completa el misterio del grito de Jesús como Dios y como hombre en el Calvario. Nuestra sed de Dios es el mismo elemento que nos permite recrear la plenitud de ese misterio en nuestras propias vidas. Si deseamos experimentar el poder y vida de la resurrección, ambos elementos deben estar presentes como lo estuvieron en la crucifixión: la sed de Jesús por nosotros y nuestra sed de él.

Jesús desea, tiene sed de nuestra sed de él, no como un simple toque de sentimentalismo, sino como un impulso devorador del alma, a través del cual nos abrimos totalmente a él con confianza y nos rendimos totalmente a él en amor.

No importa lo lejos que yo haya podido viajar en mi conocimiento y experiencia de la sed de Jesús; el único camino para profundizar ese encuentro es renovando mi propia sed de él. Lo que es igualmente importante, mi sed de él es la única forma de saciar su sed. De nuevo, nos encontramos con esta verdad asombrosa: Jesús tiene sed de mi sed.

Esta es esa doble sed, la de Dios por la humanidad y la de cada uno de nosotros por Dios, la que la Madre Teresa experimentó internamente y buscó comunicar a todos los que encontraba y tocaba. El propósito de estas páginas, a pesar de su pobreza humana, es alentarte y ayudarte en tu propio encuentro con la sed de Jesús: un encuentro que puede cambiar tu vida y la vida de aquellos a través de los cuales le tocas cada día.

Prólogo

Día 1 | La mujer junto al pozo (I)

Vino una mujer de Samaria a sacar agua. Jesús le dijo: «Dame de beber... Si conocieras el don de Dios, y quién es el que está diciendo: "Dame de beber", tú le habrías pedido y él te habría dado agua viva».

—Juan 4,7.10

Nuestro objetivo es saciar la sed infinita de Dios, no sólo con un vaso de agua, sino con almas. Las almas son inmortales, preciosas para Dios.

—Madre Teresa (Instrucciones, 1983)

La dinámica de la sed divina y humana puede verse con gran claridad en el evangelio de san Juan, en el relato de Jesús y la mujer samaritana (cf. Jn 4,1-30). En este encuentro, Jesús tiene una larga conversación con una mujer de Samaria que ha llegado a sacar agua del pozo de la ciudad. A través de esta conversación, Jesús lleva a la mujer desde una primera experiencia de su sed, hacia la plena conversión y celo.

La Madre Teresa solía decir que estamos hechos «para amar y ser amados». Todo el mundo tiene sed de amor. En este encuentro del evangelio hay una importancia simbólica en muchos de los detalles de la reunión. El pozo de agua simboliza la búsqueda del amor, el lugar adonde la gente va con su sed para encontrar alivio. Samaria, cuyos habitantes eran considerados por los judíos como lejanos de Dios, simboliza una vida errante, pecaminosa. Jesús ha llegado al pozo y está sentado, cansado. Podemos ver que, incluso antes de comenzar nuestra búsqueda de Dios, incluso en medio de nuestros pecados, Jesús ya está allí esperándonos. Él mismo se ha cansado en su larga búsqueda de nuestro amor.

La mujer samaritana simboliza nuestra pobreza humana. Como samaritana no tenía dignidad religiosa a los ojos de los judíos, y como mujer de la época ocupó una posición social subordinada con poco poder. Podemos verla como representación de la vacuidad, el alejamiento de Dios, y la pérdida de la dignidad humana que ha tenido lugar a través de la sed centrada en uno mismo. Sin embargo, desea el amor y, en su búsqueda, ha venido a sacar agua «en la hora sexta» (mediodía) cuando el calor y, por tanto, su sed, es mayor. En el mismo momento de su mayor necesidad, en el mismo lugar de su búsqueda humana equivocada, Jesús la habla: «Dame de beber...».

La mujer, al principio, está reticente. Ella responde: «¿Cómo es que tú, un judío, me pide de beber a mí, que soy una mujer samaritana?» (v.9). Ella está expresando nuestras propias dudas y vacilaciones ocultas antes de la invitación de la sed de Jesús: «¿Puede realmente dirigirse a mí? ¿Tiene realmente sed de mí? Tal vez de un santo como la Madre Teresa, sí, ¿pero de mí? ¿Cómo podría yo jamás saciar su sed?»

Jesús nos muestra que «darle algo de beber» no es, en última instancia, nuestro regalo para él, sino su regalo para nosotros. Solo en el encuentro con su sed puede ser saciado nuestro propio deseo de amar y ser amado. La sed de Jesús hacia nosotros despierta nuestra sed de él. Si pedimos, si tenemos sed de él, nos dará otra «agua» mejor que cualquier otra que hayamos encontrado antes: el agua viva de su amor infinito.

«Jesús le contestó: "El que bebe de esta agua vuelve a tener sed; pero el que beba del agua que yo le daré nunca más tendrá sed: el agua que yo le daré se convertirá dentro de él en un surtidor de agua que salta hasta la vida eterna"» (vv. 13-14). De nuevo, el significado es simbólico. Aquel que sólo busca el amor humano para saciar su sed siempre estará sediento, porque el simple amor humano, especialmente cuando es buscado egoísta o pecaminosamente, nunca puede satisfacer las profundidades del corazón humano. Pero aquellos que buscan el amor en Dios nunca carecerán de él, nunca estarán vacíos y nunca tendrá sed en vano. Cuanta más sed tengan, más les llenará Jesús con su propia sed hacia ellos, que es su amor. Él no necesita medios exteriores para comunicar ese amor: se convertirá en una fuente viva dentro de ellos, siempre creciente, hasta que finalmente se desborde en el cumplimiento de la vida eterna.

«La mujer le dice: "Señor, dame esa agua: así no tendré más sed, ni tendré que venir aquí a sacarla"» (v. 15). La táctica ha funcionado. Por primera vez la mujer expresa su sed de lo que Jesús ha prometido dar. Este es el punto de inflexión en su conversión. Ella había encontrado ya la sed de Jesús hacia ella, pero nada cambió hasta que ella permitió que la sed de él despertara la suya propia. La sed de Dios tocó la sed de la mujer y empezó el milagro de la gracia.

La samaritana dio un paso decisivo hacia adelante. No sólo es ella la que avanza hacia la sed de Jesús, sino que ella está comenzando a hacer que esa sed sea su único deseo. Ella quiere un amor que no necesite ser constantemente repuesto desde fuera. Esto es importante para su transformación. La conversión significa el paso gradual de una sed de Jesús *y de otros* (personas, posesiones, sucesos y circunstancias) a tener sólo *una* sed: Jesús. La mujer empezó a darse cuenta de una gran verdad: que todos los demás tipos de sed no sólo no logran satisfacerla, sino que agotan su alma. Tener sed sólo humanamente deseca y cansa, aun en medio de la facilidad y el éxito. Tener sed de Dios nos activa y aviva, aun cuando esté acompañada por la fatiga y la prueba.

Día 2 | La mujer junto al pozo (II)

Entonces la mujer dejó su cántaro con agua...

—Juan 4,28

Hemos sido creados para amar y ser amados, y Dios se ha hecho hombre para que podamos amar como él nos ha amado. Él se hace uno con el hambriento, con el desnudo, el sin techo, el enfermo, el encarcelado, el solitario, el no deseado... Está sediento de nuestro amor.

Madre Teresa (Discurso de aceptación del Premio Nobel de la paz, 1979)

Continuemos nuestra meditación sobre el encuentro de Jesús y la samaritana. Después de que ella ha pedido a Jesús el agua que durará, le da una dirección aparentemente aleatoria. «Él le dice: "Anda, llama a tu marido y vuelve"». (Jn 4,16). Al decir esto, Jesús no está buscando una oportunidad para condenar a la mujer. Él la invita a dar un paso final hacia el saciarse tanto de él como de ella, examinando su falsa sed. En primer lugar, ella sólo reconoce su estado general de infidelidad y sed ilegítima: «No tengo marido» (v.17). Pero Jesús responde diciéndole que ha tenido cinco maridos. Él quiere que descubra en detalle la existencia de todos sus falsos tipos de sed, uno por uno, ya que a menos que sean reconocidos y vistos como falsos, seguirán oprimiéndola.

Entonces Jesús le dice: «Y el de ahora no es tu marido» (v. 18). Aquí Jesús la está mostrando que sus falsos tipos de sed no son sólo errores; son infidelidades en el amor a aquel que es el único esposo del alma. Al aferrarnos a nuestros diversos tipos humanos de sed —nuestros deseos, nuestras esperanzas limitadas, nuestras posesiones, nuestros planes y ambiciones— en un sentido, los «esposamos». Y, en cada caso, Jesús nos recuerda que este «no es tu marido». La sed a la que te has unido no es tu verdadero esposo. Si persistimos en semejantes tipos de sed sin ningún esfuerzo por examinarlos, no solo nos herimos a nosotros mismos, sino al Señor.

«La mujer le dice: "Sé que va a venir el Mesías, el Cristo; cuando venga, él nos lo dirá todo". Jesús le dice: "Soy yo, el que habla contigo"». (vv.25-26). Es como si la mujer hubiera dicho: «He escuchado hablar sobre ello y he sentido dentro de mí la verdad de lo que dices; y quizá algún día, cuando las cosas estén mejor, cuando la vida sea menos complicada, cuando "venga el Mesías", entonces seré capaz de hacer algo sobre todo esto. Más tarde». Pero Jesús le está hablando ahora. Ha llegado el momento. El Mesías está aquí. No hay necesidad de esperar a una situación diferente o a un conjunto mejor de condiciones. Jesús está presente incluso ahora para enseñarnos cómo saciar su sed por completo.

Por último, la gracia triunfa en el corazón de la mujer. Ella deja su cántaro de agua: ya no necesita sus viejos tipos de sed falsa, su anterior medio de buscar el amor. Ella ha venido a confiar en Jesús, y en un acto de entrega de su antigua vida con sus muchos tipos de sed, va con alegría a compartir con otros la invitación de la sed de Jesús, una invitación no sólo a creer, sino a experimentar esa sed por sí mismos.

El encuentro de Jesús con la mujer en el pozo nos muestra que cuando Jesús revela su sed por nosotros («Dame de beber»), está intentando despertar nuestra sed por él («Dame de esa agua para que ya no tenga sed»). Una vez que empezamos a expresar nuestra sed por él, para juntar estos dos tipos de sed, comienza nuestra conversión y nuestra saciedad.

¿Cuál es entonces esta sed de Jesús, de Dios? ¿Cómo se expresa? No es simplemente un sentimiento, aunque puede tocar nuestros sentimientos. Es un deseo de nuestra voluntad y, por lo tanto, siempre nos es posible, ya sea que experimentemos consolación o aridez. Nuestra pobreza innata, nuestra debilidad, todas nuestras necesidades son ya una gran sed. Nuestro ser interior es una sed viva que sólo necesita ser dirigida hacia Dios. Si esto no fuera así, ¿qué esperanza tendría cualquiera de nosotros de responder a la invitación de Jesús? Pero tenemos ya una sed potente en marcha dentro de nosotros. Solo necesita ser purificada, unificada y centrada sobre Dios en Cristo.

Una vez que hemos comenzado a tener sed de Dios, nos hacemos conscientes de muchos otros tipos de sed que pelean contra esa sed, secretos motivos y deseos que no podemos admitir en nosotros mismos ni ser plenamente conscientes de ellos. Como la mujer samaritana, necesitamos el coraje para permitir que el Señor nos señale nuestros «cinco maridos»; necesitamos dejarle que nos revele nuestros muchos falsos tipos de sed para que podamos abandonar nuestros cántaros de agua y luchar por una sed que pueda satisfacernos.

Jesús tiene sed de nuestra sed. Dejemos entonces de lado, como la mujer samaritana, todos esos antiguos cántaros de agua, y, como la Madre Teresa, llenemos el pozo de nuestros corazones con «lo único necesario»: nuestra profunda sed solo por Jesús.

I.

La dinámica de la sed

Día 3 | Ríos de agua viva

En el último día de la fiesta, el gran día, Jesús se levantó
y proclamó: «Si alguno tiene sed, que venga a mí y beba.
El que cree en mí, como dice la Escritura, "de su interior
correrán ríos de agua viva"».

—Juan 7,37-38

*Hijas mías, una vez que habéis experimentado la sed,
el amor de Jesús hacia vosotras, nunca necesitaréis, nunca
tendréis sed de estas cosas que sólo pueden desviaros de Jesús,
la fuente verdadera y viva.*

—Madre Teresa (Carta, 1993)

Todo el plan de Dios está contenido en los versículos anteriores
del evangelio de Juan.

Para apreciar su contexto, revivamos la escena. Jesús
se había ido privadamente a Jerusalén para la Fiesta de los
Tabernáculos, una de las tres grandes fiestas de peregrinación
del año judío. En esta gozosa fiesta el pueblo judío celebraba
la recolección de la cosecha en un festividad que recuerda
el deseo de Dios —su sed— de habitar entre su Pueblo en
una tienda sencilla («tabernáculo», en griego) durante los
cuarenta años en el desierto. Para conmemorar la protección
de Dios durante esos años del desierto, los judíos erigían
pequeños tabernáculos (tiendas) y simbólicamente vivían en
ellos durante la fiesta. La presencia amorosa de Dios en esa
jornada formativa de su historia era como agua vivificante y
refrescante en el vacío seco del desierto. Él era su agua viva.

La Fiesta de los Tabernáculos comenzaba con siete días de celebración. En el octavo día, el «gran día», como se lo denominaba, se tenía una magnífica procesión, encabezada por el sumo sacerdote. Al empezar la procesión, el sumo sacerdote tomaba una copa de oro e iba a la piscina de Siloé, un embalse de agua refrescante que representaba la curación de Dios y la acción restauradora entre su pueblo. El sumo sacerdote llenaba la copa con el agua de la piscina y la levantaba para que todos la vieran; él guiaría luego al pueblo a través de la ciudad, cantando el versículo del profeta Isaías: «Sacaréis aguas con gozo de las fuentes de la salvación» (Is 12,3).

La procesión marchaba más allá de las murallas de la ciudad, donde el sumo sacerdote, simbólicamente, vertía el agua de la piscina en el suelo seco del desierto. Este gesto representaba no sólo la renovación de Israel, sino la saciedad de la sed de Dios hacia todas las naciones por una efusión universal de las aguas vivas —el Espíritu del Señor— tal como había anunciado el profeta Ezequiel. Todo corazón humano tenía un día que llegar a ser «tabernáculo» para las aguas vivas de Dios.

En esta ocasión, Jesús está presente en la celebración. Solo podemos imaginar lo que pasa en su alma al ver y quizá participar en la procesión. Él sabe que él es el cumplimiento de la fiesta, que él es el enviado del Padre para saciar la sed del hombre hacia Dios y la sed de Dios por el hombre. Él está tan profundamente conmovido por lo que veía, que se levantó y gritó con fuerte voz: «¡Venid a mí todos los que tenéis sed!» (Jn 7,37).

Esta única frase contiene en resumen todo lo que Dios ha querido decir al hombre desde el principio de los tiempos.

Expresa la sed de Dios por el hombre: «¡Venid a mí!». Invita al hombre a centrar su sed en Dios: «Todos los que tenéis sed». Y promete saciarle plenamente con «ríos de agua viva» (Jn 7,38). Jesús mismo es la copa de oro; es él quien derrama las aguas vivas del Espíritu sobre la tierra sedienta de nuestras almas.

A través del simbolismo de la Fiesta de los Tabernáculos, Jesús nos invita a redescubrir, en la historia de la salvación y en su trato personal con nosotros, todas las diversas manifestaciones, anuncios y revelaciones que conducen a la plena revelación de su sed en nosotros y hacia nosotros. También nosotros podemos celebrar esta fiesta en el espíritu. También nosotros hemos sido llamados al desierto, y Jesús ha estado durante mucho tiempo con nosotros, e incluso ahora está despertando en nosotros la sed de aguas vivas.

Día 4 | El pecado como falsa sed

Tuve sed y me disteis de beber.

—Mateo 25,35

¿Cómo sabemos que Dios tiene sed? En la cruz Jesús dijo: «Tengo sed». Él no estaba pidiendo algo para beber. Cuando le ofrecieron vinagre él no lo bebió.... Muy a menudo ofrecemos también bebida amarga a Jesús. Esta amargura viene desde lo hondo de nuestros corazones y brota en nuestras palabras. Cuando nos damos esta amargura unos a otros, se la damos a Jesús.

—Madre Teresa (Instrucciones, 1977)

Si la vida con Dios significa realmente tener sed, entonces una manera de comprender la esencia del pecado es como una sed falsa o errónea. Dios nos hizo incompletos en nuestra soledad; él nos creó para depender de su vida y su amor que nos sostienen en el ser. La sed de esa vida y amor es, pues, parte de cómo fuimos creados. Pero nuestra sed de Dios puede ir mal, y podemos seguir falsos caminos, buscando y teniendo sed de cosas distintas de Dios, generalmente por nuestra propia auto-exaltación. Necesitamos examinar este tema con cuidado. Es fácil tomar demasiado a la ligera nuestros falsos tipos de sed y sus malos efectos.

Nuestro mundo tiende a minimizar la naturaleza destructiva del pecado. Debemos recordar que el pecado trajo la muerte sobre todos nosotros. El pecado nos separó de Dios. El pecado llevó a Jesús a los horrores de la crucifixión.

El pecado sería nuestra ruina completa si no fuera por la misericordia de Dios en Cristo.

El pecado es la interrupción total del plan de Dios para nosotros. Corriendo detrás de falsos tipos de sed, desentrañamos las esperanzas de Dios. Rechazando su sed y dándole a beber vinagre, pagamos un gran precio. Repetidamente hemos arriesgado dañando los planes de Dios para nosotros. Debemos afrontar honestamente las consecuencias de volvernos hacia falsos tipos de sed: el dolor innecesario que hemos causado a Dios, a nuestras familias, a nuestros amigos, a las comunidades en las que vivimos, y a los que hemos sido llamados a servir. Como con María Magdalena, la profundidad de nuestro dolor y arrepentimiento será la profundidad de nuestra conversión, de nuestro amor y santidad.

Nuestra falta de seriedad sobre el pecado está particularmente presente en la manera en que tratamos los pecados veniales, esos males menores que no destruyen inmediatamente la vida de Dios en nosotros. Podemos estar suficientemente preparados para evitar los «grandes», pero podemos llegar a ser complacientes respecto de los pecados menores, y esto nos puede dañar y llevarnos por un camino lento pero seguro para perder la vida de la gracia.

Es bueno recordar los efectos de los pecados veniales sobre nosotros. Dañan el alma, obstaculizan la acción de la gracia, deforman la imagen de Dios, y hacen que el resto de nuestras acciones sean menos gratas a Dios, ya que no surgen de una fuente pura, de amor indiviso. Peor aún, nos ponen en el camino de caídas más graves. Cuando los pecados veniales no se verifican, nos alejamos cada vez más de Dios, a menudo sin darnos cuenta de ello, hasta que nos damos cuenta de que hemos vagado lejos de la verdad y la alegría.

El tema no es llegar a ser un perfeccionista; es, más bien, evitar el serio problema espiritual de la tibieza. La indiferencia, o tibieza del alma, es el estado en el que no hacemos ningún auténtico esfuerzo por escapar de los patrones de pecado venial que hemos desarrollado. Debemos observar los signos indicadores de la tibieza. Cuando encontramos que tenemos una conciencia laxa, que oramos solamente rara vez y sin mucha atención, que somos rápidos para defendernos y lentos para acusarnos, que no tenemos ningún deseo de recibir los sacramentos, de ir a confesarnos y a Misa, que hemos hecho las paces con la intemperancia en la comida y en la bebida, que estamos contentos de chismorrear y criticar a los demás y de mantener resentimientos y heridas sin tratar seriamente de perdonar, estamos en peligro de ser como los cristianos de la Iglesia de Laodicea de los que Cristo habla: «Conozco tus obras; no eres frío ni caliente. ¡Ojalá fueras frío o caliente! Por tanto, porque eres tibio, y ni frío ni caliente, voy a vomitarte de mi boca» (Ap 3,15).

Jesús está a la puerta y llama, deseando vivir con nosotros. Nuestro primer paso en la superación de la tibieza que puede causarnos tan fácilmente problemas es encontrar la sed de Jesús, experimentar su amor ilimitado por nosotros. Él quiere que tengamos sed de él, como él mismo prometió a santa Margarita María: «Haré que las almas tibias sean fervientes». Este deseo del Corazón de Jesús debería consolarnos y fortalecernos.

Día 5 | Patrones de apego sedientos

Mi pueblo ha cometido dos males: me ha abandonado a mí, manantial de aguas vivas, y se ha cavado pozos para sí mismo, pozos agrietados, que no pueden retener agua.

—Jeremías 2,13

Necesitáis una profunda libertad para ser como Jesús. Mirad, él podría haber nacido en un palacio, pero eligió ser pobre.... ¿Somos tan libres que podemos estar completamente desnudos con Jesús en la cruz?

—Madre Teresa (Instrucciones, 1985)

Jesús es la manifestación perfecta del Padre, la expresión perfecta de su sed eterna y plan para nosotros. Al entrar en contacto más profundo con la persona de Jesús, el Espíritu Santo nos mostrará dos cosas: (1) a lo que Dios nos está llamando, y (2) los ámbitos en los que nos quedamos cortos respecto de sus deseos para nosotros. Es bueno para nosotros tomar nota de estos defectos, no para que podamos sentirnos mal con nosotros mismos, sino para descubrir patrones importantes en la camino de Dios con nosotros y en nuestra respuesta a él. Deseamos ver la estrategia de Dios para nuestras vidas, y también queremos ser conscientes de la estrategia contraria de Satanás. Una manera de hacer esto es descubrir nuestras tendencias habituales a determinados tipos humanos de sed. El diablo estará feliz de ver que olvidamos estos tipos de sed o los justificamos. El Espíritu Santo quiere realinear nuestra sed con el plan de Dios para nosotros. Puede ayudar considerar dichos apegos para que podamos llevarlos a la oración y enmendarlos.

¿Cómo podríamos descubrir nuestros apegos a personas o cosas, que nos causarían aflicción indebida si fueran quitados de nosotros? Aquí hay algunas preguntas que podríamos hacernos:

- ¿Qué es lo que me preocupa constantemente? ¿Lo que especialmente me molesta? ¿Lo que regularmente me desanima?

- ¿Qué me irrita y me lleva a una actitud rebelde a los caminos de Dios?

- ¿Qué me hace fallar en la caridad hacia los demás?

- ¿Qué ideas me recurren repetidamente, sean recuerdos, proyectos, sueños o deseos?

- ¿Qué pensamientos ocupan mi mente con más frecuencia, en las distracciones y en el soñar despierto?

Al pensar sobre estas preguntas, se clarificarán nuestros apegos. Lo que sigue son algunas áreas comúnmente vulnerables a la sed equivocada, que ponen nuestro corazón fuera de combate.

- El deseo de ser estimado, ser visto como exitoso, el miedo al fracaso; una dependencia que necesita de las buenas opiniones de los demás.

- Un deseo de ser financieramente bien pagado, y una tendencia a compararnos con los demás y valorarnos a nosotros y a los demás según la riqueza material.

- Un deseo de ser acogido, de ser comprendido, de ser amado, de ser alabado.

- Un deseo de actuar siempre de manera competente y que nuestra eficiencia sea apreciada los demás.

- Un deseo de llevar a cabo nuestros propios planes en nuestro propio camino; un deseo de estar siempre en lo correcto.

- Un deseo de protección y seguridad, ya sea de tipo financiero, social o emocional, aparte de Dios mismo.

- Un deseo de imponernos sobre otros por el vigor, el encanto, o la persuasión.

- Una curiosidad constante; un deseo de ser una persona «informada», ser el centro de información.

- Un apego a una persona en particular cuya atención ansiamos y alrededor de la cual podemos fácilmente experimentar celos cuando otros ganan la amistad o estima de esa persona.

- Un apego a determinados objetos, posesiones, prendas de vestir, alimentos preferidos, o entretenimientos preferidos.

- Un deseo de organizar nuestro tiempo y pasar nuestro día según nuestra comodidad.

- Una preocupación excesiva en asuntos de salud física o emocional.

La mayoría de ellas tocan aspectos naturales e incluso necesarios de la vida humana, y hay un sano y adecuado modo de gestionarlas. Pero estos tipos de sed natural pueden fácilmente enfermarse, dañarse o inflamarse por la herida de nuestra naturaleza o las asechanzas del demonio. La profundidad de nuestro amor y nuestro gozo dependerá de nuestro desapego de los tipos de sed que no satisfacen y nos alejan de la única sed para la que fuimos creados.

Día 6 | Jesús, el sanador

Recorría toda Galilea, enseñando en sus sinagogas y predicando el evangelio del reino y sanando toda enfermedad y toda dolencia entre la gente.

—Mateo 4,23

No hagamos un error. El hambre de hoy es un hambre de amor... Alimentar a los hambrientos, no sólo de alimentos, sino también de la Palabra de Dios. Dar de beber al sediento, no sólo de agua, sino de paz, verdad y justicia... asistir a los enfermos y moribundos, no sólo de cuerpo, sino también de mente y espíritu.

—Madre Teresa (*Comentarios*, 1991)

Jesús nos lleva cada vez más profundamente a la vida con el Padre. Mientras lo hace, recibimos la efusión de sed de amor de la Trinidad por el don del Espíritu Santo. Esto significa que ahora pertenecemos a Jesús, pero sigue habiendo una gran diferencia entre su condición sedienta y la nuestra. Su sed es total; la nuestra está rota. Nuestra rotura es en sí misma una sed. Así que nuestra curación es el primer resultado del don de Dios de «aguas vivas» (Jer 2,13). Dios quiere que experimentemos su sed, paradójicamente, como sed que sana.

En la visión de la Jerusalén celestial, al final del libro del Apocalipsis, se nos habla de la presencia del árbol de la vida, un árbol regado por el Espíritu Santo, cuyas hojas son para la «curación de las naciones» (Apocalipsis 22,2). La curación es la tarea más importante de Jesús, después de quitar la culpa de nuestro pecado. Esta doble tarea de predicar el perdón y de curar resume la esencia de la misión de Jesús.

¿Cómo quiere sanarnos Jesús? En primer lugar, quiere romper la influencia del demonio y sus mentiras sobre nosotros. Jesús es el único que dice al demonio: «¡Cállate y sal de él!» (Mc 1,25). Jesús nos da el poder de silenciar la voz de Satanás, el mentiroso y padre de la mentira. Segundo, Jesús quiere mediante la oración sanar nuestra sed egoísta y rota. Él nos cura de toda clase de enfermedad, trayéndonos esperanza y confianza. Él toca a cada persona de un modo único.

Recuerda el encuentro de Jesús con el leproso. «Cuando vio a Jesús, cayó sobre su rostro y le rogaba: "Señor, si quieres, puedes limpiarme". Y él extendió su mano y le tocó, diciendo: "Quiero; queda limpio". E inmediatamente la lepra le dejó» (Lc 5,12-13). Este episodio simboliza la curación de nuestra lepra espiritual, la corrupción interna que resulta de nuestros falsos tipos de sed. Jesús llega a tocar al leproso, y en lugar de que Jesús «se contagie» de la impureza de la lepra, el leproso «se contagia» de la pureza de Jesús. Demasiado a menudo carecemos de confianza en el poder sanador de Dios y, especialmente, en su deseo de curarnos. Esas palabras de Jesús —¡«Quiero, queda limpio!»— expresan el fiel Corazón de Jesús y del Padre hacia nosotros. Jesús está esperando que le pidamos que nos sane, y escuchar esas palabras con fe y confianza.

Recuerda también el encuentro de Jesús y el paralítico (cf. Lc 5,17-25). En ese episodio, Jesús está enseñando, rodeado por una multitud. Los amigos del hombre enfermo o miembros de la familia le llevan delante, y en un acto de fe hacen todo lo posible para ponerle en contacto con Jesús.

¿Cuál es el resultado? Jesús se precipita hacia él, le dice que sus pecados han sido perdonados, y luego le quita su parálisis. Habiendo sido curado del pecado —la mayor curación que puede haber, ya que toda nuestra miseria se deriva de ella— y de la enfermedad, el ex paralítico vuelve a casa alabando a Dios. A medida que nos acercamos al Señor con confianza y fe, Jesús se apresura hacia nosotros y responde a nuestra fe. Él sana las heridas de nuestro pecado y nuestro dolor humano y miseria. Luego tomamos la alfombra de nuestra miseria y caminamos erguidos, alabando a Dios.

Jesús tiene dos propósitos para cada uno de nosotros: quiere curar a cada uno de nosotros saciando nuestra sed, y luego quiere que seamos un canal de su propia sed para la curación de los demás. Pero para sanar a otros, primero debemos ser curados abriéndole todas nuestras heridas. La combinación de su amor y nuestra división traerá siempre milagros de curaciones, en nosotros y en los demás.

Día 7 | La necesidad de fe

Derramaré agua sobre la tierra sedienta, y los riachuelos correrán sobre la tierra seca; derramaré mi Espíritu sobre tus descendientes... y brotarán como hierba regada, como sauces a orillas de los ríos.

—Isaías 44,3-4

También podemos saciar la sed de Jesús adorando el Santísimo Sacramento. Veo que algunas de vosotras se dejan caer en la capilla. Estáis solo allí, eso es todo. No hay ese celo por saciar su sed hacia vosotras por un encuentro personal con él cara a cara. Renovad vuestro celo por saciar su sed.

—*Madre Teresa (Instrucciones, 1977)*

Hemos visto que Jesús es la fuente de los ríos de agua viva (cf. Jer 2,13). Podríamos preguntarnos, ¿qué es lo que permite que aquellos arroyos broten dentro de nosotros? ¿Qué abre el pozo? La respuesta es la fe, una fe que nos pone en contacto con el misterio de la sed de Jesús en todas sus manifestaciones. Sin fe, nuestra vida y nuestro servicio pueden convertirse en un desierto perpetuo. Podemos estar trabajando duro, pero a pesar de todo nos sentimos vacíos; ni saciamos al Señor ni somos saciados por él. Quizá nuestro desierto personal pueda tener su oasis de vez en cuando, pero raramente hacemos el esfuerzo de detener nuestro ímpetu de pensamiento y nuestro actividad febril para tomarnos el tiempo de beber lenta, profunda y completamente. Sólo este profundo ejercicio de fe puede hacer florecer nuestro desierto y abrir nuestro corazón vacío al fuego del Espíritu Santo. Por el acto de fe, nuestra debilidad humana toca el poder ilimitado y el amor infinito de Dios.

Si la fe es la respuesta para desbloquear los manantiales de agua viva, ¿cómo podemos aumentar esa fe? No será principalmente a través de un mayor aprendizaje. Es más bien una cuestión de creer más profundamente las cosas que ya sabemos. Podemos pensar que ya hemos comprendido las verdades de la fe, cuando en realidad aún estamos viviendo en la superficie de su verdad. Puede suceder, aunque no queramos admitirlo, incluso para nosotros mismos, que muchos artículos de la fe tienen ya poco o nada que decirnos. Los damos por sentados; ya no nos maravillamos en ellos ni, como nuestra Señora, los guardamos en nuestro corazón. Luego, gradualmente, estas verdades que «sabemos» comienzan a perder su vitalidad. A pesar de todo las poseemos como costumbre. Pero se han convertido en fósiles, restos secos de misterios que una vez fueron realidades vivas y coleantes.

Por ejemplo, todos estaríamos probablemente de acuerdo en esta declaración de trascendental importancia: Jesús murió por mí. Pero, ¿qué impacto tienen en nosotros la lectura o escucha de esas palabras? ¿Representan una verdad viva, algo que remueve nuestro corazón y nuestra mente? ¿Traen alguna sensación de maravilla o gratitud? Y si no, ¿por qué no? Si las grandes verdades de la fe no son «buenas noticias» para nosotros, ¿cómo daremos testimonio de su bondad a los demás?

¿Por qué, podemos preguntarnos, esas verdades trascendentales nos afectan tan poco? Seguramente no es que estemos completamente insensibles al Evangelio. Es más bien que los cimientos de la fe, de alguna manera, han perdido su lugar en el día a día de nuestra conciencia. Se han vuelto menos reales, menos presentes, menos parte de nuestra vida consciente. Los encuentros profundos con los misterios vivificantes de Dios se hacen entonces cada vez más raros y, en la medida en que nuestra fe disminuye, también disminuyen la potencia y el fuego que esos misterios traen a nuestras vidas.

La única respuesta a este problema común es una *renovación de nuestra fe*. No necesitamos más información sobre nuestra fe, sino más fe: más fe en nuestro contacto diario con Cristo en la oración, en el Evangelio, en los sacramentos, en el trabajo, en el servicio, en todos nuestros acontecimientos diarios. El nivel de nuestra fe establece las fronteras de toda nuestra vida espiritual. Determina no solo lo que Cristo puede hacer a través de nosotros, sino lo que él puede vivir en nosotros.

Día 8 | Reavivando nuestra vida espiritual

**He venido a traer fuego a la tierra;
¡y ojalá estuviera ya ardiendo!**

—Lucas 12,49

*Jesús tiene un anhelo profundo y personal
de tenerte para él. Déjale que lo haga.*

—Madre Teresa (Carta, 1973)

Entre los mayores peligros para una vida cristiana seria está una rutina de contacto meramente superficial con Jesús. Un sinnúmero de contactos superficiales con el Señor no puede realmente cambiarnos, ni superar el efecto de un solo momento de tocarlo con profunda fe.

Esto significa que no es suficiente con que recibamos diariamente la Eucaristía, o meditemos a diario sobre la Palabra de Dios. Estas son, por supuesto, prácticas excelentes y son perfectas por parte de Dios; él continuamente nos da todo lo que necesitamos en abundancia. El problema es que nuestra propia fe débil puede tener el efecto de apagar el Espíritu. Aunque es cierto que los sacramentos son fuentes de fuerza y santidad infinitos, accedemos a sus profundidades sólo según el grado de nuestra fe.

El ejercicio de la fe nos cambia de dos maneras. En primer lugar, despierta e intensifica nuestra conciencia de la presencia y sed de Jesús en nuestras vidas. Y en segundo lugar aumenta nuestra disposición para recibirlo.

Mira el ejemplo de la mujer enferma con un flujo de sangre que se acerca a Jesús en el evangelio de Lucas (cf. Lc 8,42b-48). Toda la multitud se agolpa y empuja a Jesús. Cientos de personas están en contacto con la fuente infinita de la vida, pero, curiosamente, totalmente sin efecto. Entonces una mujer de la multitud toca a Jesús, brevemente pero con una fe profunda, y ella es curada instantáneamente de su enfermedad. Jesús pregunta quién le ha tocado: no quién le tocó físicamente, sino quién le tocó en la fe, porque sintió el poder que salía de él.

Ese mismo poder emana siempre de Jesús cuando es tocado con fe. Es un poder que nos puede curar de años de mediocridad, como la mujer que tocó el borde de la túnica de Jesús fue curada de años de enfermedad. Jesús quería que ella supiera, y quería que cada generación supiera por medio del Evangelio, que había recibido su poder de curación no porque ella lo mereciera más que otros, sino simplemente porque le tocó con fe. «Hija, tu fe te ha salvado; ve en paz» (Lc 8,48).

Este evangelio nos proporciona la clave para beneficiarnos plenamente de nuestros contactos diarios con el Señor. Dicho simplemente, necesitamos estar seguros de que le estamos tocando con fe. ¿Por qué no examinar esos contactos diarios justo ahora? ¿Por qué no preguntarnos honestamente: cuánto contacto de fe profunda con Jesús experimentamos, ya sea en la Misa, en la oración personal, al leer la Palabra de Dios, al llevar nuestros pecados al Señor en la confesión, o en la vida diaria? Una fe más profunda y rica —no simplemente una emoción— está al alcance de todos nosotros, ya que las semillas de la fe fueron plantadas dentro de nosotros en nuestro bautismo. Solo tenemos que usar y ejercitar este don precioso, y crecerán seguras y constantemente.

Sin este contacto diario de fe profunda, cada uno de nosotros sabe en qué niveles de mediocridad y racionalización podemos encontrarnos. No obstante, con toda nuestra debilidad e infidelidad somos inmensamente amados, incluso ansiados por el Señor. Su esperanza en nosotros, y en lo que su gracia puede hacer de nosotros, va mucho más allá de las barreras de nuestro desaliento. ¿Podemos encontrar el coraje para soltar nuestras preocupaciones egocéntricas y tocar al Señor cada día en fe y entrega profundas?

Hay una simple resolución que cada uno de nosotros puede hacer y que tiene el potencial de cambiar radicalmente nuestra vida. Tomémonos siempre la molestia de establecer contacto de fe con el Señor en momentos clave del día. Antes de comenzar nuestra oración o nuestro trabajo, al empezar una actividad o iniciar nuestro servicio, dejemos que nuestra mente descanse con fe en la persona de Jesús, y recordemos su presencia y sus promesas. Sin fe nuestra oración no es verdadera oración, nuestro trabajo no es realmente hecho por Cristo, y nuestro servicio no es su servicio. Con fe, todo cambia. a pesar de todo tendremos nuestras luchas y distracciones, pero tocaremos el borde de la túnica de Jesús, aunque sea brevemente, todos los días de nuestras vidas y saldrá poder de él como la gracia sanante que viene a nosotros.

II.

La oración como sed

Día 9 | Venid y veréis

Ellos le dijeron: «Rabbí» (que significa «Maestro»),
¿dónde vives?» Él les dijo: «Venid y veréis». Fueron y
vieron dónde se alojaba; y permanecieron con él ese día.

—Juan 1,38-39

«Yo os he escogido». Nunca os canséis, hermanas, de
repetir esa frase. Hemos sido escogidas para una finalidad:
saciar la sed de Jesús por las almas.

—Madre Teresa (Instrucciones, 1976)

A menudo podemos sentir una gran pérdida cuando perdemos el sentido de frescura e intimidad con el Señor que experimentamos cuando él nos llamó por primera vez. Podemos caer en vivir simplemente una «vida cristiana» como un modelo general al que nos conformamos, y no podemos olvidar el amor único y personal que nos ha llamado a la fe. Cuando el Padre pronunció la Palabra encarnada, nuestra propia llamada, nuestra propia «palabra» ya estaba contenida en la mente y en el plan de Dios. La invitación que Jesús dirigió a los dos discípulos «Venid y veréis» es una llamada eterna, una ocasión para nuestra invitación a venir y ver la gloria de Jesús a la derecha del Padre. Dios es eternamente fresco y vivo. Puede suceder que crezcamos viciados por la fuerza de la rutina; en este punto necesitamos introducir de nuevo la vida fresca y vívida de la llamada de Dios.

Los dos discípulos de Juan el Bautista —uno de ellos era Andrés— recibieron la noticia de Jesús por medio de otro.

Juan señaló a Jesús y habló convincentemente sobre él. La recomendación de Juan fue suficiente para atraer su interés, pero no fue suficiente para que se hicieran discípulos. Van tras Jesús y, a continuación, le hacen la pregunta decisiva: «¿Dónde vives?» «¿Dónde se te puede encontrar? ¿Cuál es el estilo de tu vida? ¿Cuáles son tus intereses, tus preocupaciones, tus hábitos? Hemos escuchado algo sobre ti, pero nos gustaría conocer tu vida más íntimamente».

La respuesta que Jesús les da es un consuelo para todo discípulo esperanzado: «¡Venid y veréis!» Jesús abre la puerta ampliamente, diciéndoles: «Mi vida y mis caminos son tuyos para que los compartas; mi amistad es ofrecida prontamente; mi camino de amor y verdad están más que disponibles para ti. Ven y verás, ven y participa, ven y vive conmigo». Recordemos quién es el que está diciendo esto: no es sólo un hombre, ni simplemente un rabino notable, sino el Señor del universo y el Rey de los ángeles. Él habla estas palabras a cada persona que ha traído al ser: «Ven y verás para lo que fuiste hecho. Ven y conoce el amor del Padre. Ven y verás donde vivo. ¡Ven a casa!».

Más tarde, estos se convertirían en pescadores de hombres y traerían a otros a Jesús, pero esto no ocurrió de inmediato. En primer lugar, tenían que encontrar y conocer a Jesús ellos mismos. «Venid y veréis. Yo vivo en mi Padre y en su voluntad; yo vivo en mi palabra para vosotros; yo vivo en mi sed de vosotros y en mi sed para traeros al Padre». El momento llegará cuando Jesús llame a estos discípulos a cargar sus cruces y caminar con él hacia la crucifixión. Su capacidad para seguirle por ese camino vendrá desde su experiencia de vivir con él.

Escuchemos estas palabras dirigidas personal y específicamente a cada uno de nosotros. Independientemente de los caminos de servicio o sufrimiento por los que el Señor los pueda llamar, vendrán de su auto-regalo de amor hacia nosotros y de nuestro amor a él. Vayamos y veamos dónde vive; compartamos su vida y experimentemos su sed por nosotros y, a través de nosotros, su sed por otros.

Día 10 | Elementos de oración

Si alguno me ama, guardará mi palabra, y mi Padre lo amará, y vendremos a él, y haremos morada en él.

—Juan 14,23

Es muy importante para nosotras conocer que Jesús está sediento de nuestro amor, del amor de todo el mundo... Pregúntate: ¿He oído decir esta palabra a Jesús directamente a mí personalmente? «Tengo sed. Quiero tu amor».... Si nuestros corazones son puros, realmente entregados a él, esto se convertirá en parte de nuestra sed de amarlo mejor.

—*Madre Teresa (Instrucciones, 1983)*

Si deseamos ser verdaderos discípulos, tenemos que estar convencidos de la absoluta primacía de la oración. Pero no de cualquier tipo de oración. Es una oración llena de fe la que nos abre al Espíritu de Jesús en toda su potencia.

Los Apóstoles se asombraron al ver orar a Jesús, y le pidieron que les enseñara. Debemos tener el mismo asombro y solicitar las mismas lecciones. Necesitamos saber que tenemos la misma relación de comunión con Jesús, que él tenía con el Padre, y que por nuestra amistad con Jesús entramos en su propia relación y comunión con el Padre.

La oración no es tanto «algo» cuanto Alguien; no tanto un método o mecanismo que realizamos (aunque estos pueden ser ayudas válidas) sino el brotar de las aguas vivas del Espíritu Santo que se nos da en el bautismo. El Espíritu Santo está constantemente, día y noche, orando dentro de nosotros, esperando que nos abramos al misterio de su oración y entremos en ella. Incluso mientras oramos suple todos nuestros defectos. Pablo escribe: «El Espíritu nos ayuda en nuestra debilidad, pues nosotros no sabemos cómo pedir como conviene, pero el Espíritu mismo intercede por nosotros con gemidos inefables» (Rom 8,26).

Existen tres elementos principales que componen la oración cristiana. El primero es la tarea de despejar los «escombros» dentro de nosotros como preparación para la soledad y el silencio interiores. El segundo implica abrirnos a las aguas vivas en un acto de fe. El tercero es nuestra respuesta que fluye con las aguas vivas en amorosa entrega. Veamos cada uno de estos tres, por partes.

Para entrar en la oración, debemos, en primer lugar, quitar los escombros, dar la espalda a todo lo que es contrario al Espíritu Santo para que el cristalino manantial de oración viva puede comenzar a brotar dentro de nosotros, incluso hasta el punto de convertirse en un anticipo de la vida eterna. Todos tenemos la fuente prometida de aguas vivas. Pero la mayoría de nosotros hemos cubierto esa fuente viva con capas de suciedad, de tal forma que el flujo del Espíritu sólo se ha convertido en un goteo. Hemos permitido que la voz de la oración del Espíritu se sofoque dentro de nosotros y hemos dejado que muchas otras voces mundanas ocupen nuestra atención y nuestros corazones. Por lo tanto, debemos despejar cualquier cosa que sea meramente humana, lo que no es Dios, a fin de crear un espacio interior de silencio y soledad libre de preocupaciones, resentimientos, impaciencia, deseos y planes.

El siguiente paso es el importantísimo acto de fe que nos pone en contacto con el manantial de aguas vivas dentro de nosotros: Cristo. En ese momento, nuestra oración se hace suya y su oración se hace nuestra. Recuerda que el acto de fe no es un sentimiento. Puede ser una ayuda de la gracia ser tocado por sentimientos de presencia de Dios, pero nuestros sentimientos no son Dios. Sólo la fe toca a Dios directa y profundamente. No debemos preocuparnos si sentimos que «nada está sucediendo», sería como preocuparnos por no sentir que nuestra sangre circula por nuestro cuerpo. Sabemos que la sangre circula y desempeñamos nuestro trabajo de manera tan segura como cuando podemos sentir que nuestro corazón palpita. Sabemos que el Espíritu de Jesús está siempre en acción dentro de nosotros, y emprendemos nuestra oración de manera tan segura como cuando podemos sentir su presencia.

El último elemento en la oración es derramarnos en armonía con el Espíritu de entrega y don de sí. La sed de Dios, que encontramos en la oración, siempre se manifiesta como un regalo para nosotros. Del mismo modo, nuestra sed de él, que expresamos en la oración, toma la forma de autodonación. Esta autodonación puede expresarse de muchas maneras: como comunión, como alabanza y adoración, como reparación, o como intercesión.

Consagramos al Señor en la oración no sólo nuestro espíritu, sino cada aspecto y detalle de nuestra vida de manera concreta. Cada vez que rezamos tomamos toda nuestra existencia en nuestras manos y la presentamos totalmente al Señor: todo dentro y alrededor de nosotros, todo lo que nos toca de alguna manera. Nuestra actitud ante él dice: «Yo y todo lo que tengo es tuyo. Te doy la libertad de darme algo o quitarme lo que desees, modificar o reorganizar algo en mi vida. Me doy a ti sin reservas y sin condiciones. Soy tuyo».

Día 11 | Entrando en profunda oración

Nada os preocupe; sino que, en toda ocasión, en la oración y en la súplica, con acción de gracias, vuestras peticiones sean presentadas a Dios. Y la paz de Dios, que supera todo juicio, custodiará vuestros corazones y vuestros pensamientos en Cristo Jesús.

—Filipenses 4,6-7.

Si solo «decimos» oraciones entonces, naturalmente, no estarás orando. ¡Orar significa estar totalmente unidos a Jesús de tal modo que le permitamos orar en nosotros, con nosotros, por nosotros, a través de nosotros! Esta adhesión mutua, Jesús y yo, es la oración. Todos estamos llamados a orar así.

—*Madre Teresa (Carta, 1983)*

Si plantamos una semilla en el terreno de la auténtica oración, recogeremos la cosecha de vida abundante. Como sea nuestra oración, así será nuestra vida. Pero, ¿por qué nuestra oración es a menudo insatisfactoria? ¿Por qué oímos tanto acerca del poder del Espíritu y, sin embargo, carecemos tan a menudo de energía espiritual? ¿Por qué nos extraviamos, o nunca parecemos ser tocados por el fuego que Jesús vino a traer? A menudo es porque nuestra oración no ha crecido junto con el resto de nuestra vida. Al haber crecido nuestras cargas, nuestra oración no ha profundizado y mantenido el ritmo con ellas, y nos encontramos agotados. La oración superficial que sabíamos en el pasado ya no es suficiente hoy para sostenernos y nutrirnos. No puede llenar los límites profundos de nuestro espíritu. Así nuestra sed del Señor no se sacia. Si esta situación continúa durante largo tiempo, podemos desencantarnos y desalentarnos.

El problema no es tanto la falta de conversión, ya que la oración misma nos convertirá. Es más nuestra falta de lo que podríamos llamar una oración profunda. En la oración, la calidad es más importante que la cantidad. La oración superficial que nunca hace el esfuerzo de ser más profunda no nos satisface y no puede saciar al Señor. En su lugar, necesitamos bucear debajo de la superficie de nuestras almas para encontrar la presencia de Dios en lo que los padres de la Iglesia de oriente a veces llamaron la «oración del corazón». En el nivel superficial somos fácilmente asaltados por pensamientos y distracciones. Las aguas vivas fluyen a un nivel más profundo debajo de todos los trastornos superficiales. Somos como buzos buscando perlas finas. Si el buzo permanece en la superficie del agua, es sacudido por el viento y las olas. Cuando desciende más profundamente hacia donde se encuentran las perlas, puede ser consciente del mar furioso por encima de él, pero no le molesta. Es lo mismo con la oración. Si hacemos el esfuerzo por mantenernos «profundamente» al nivel del corazón, seremos conscientes de las distracciones que pasan por encima de nosotros, pero que no impiden nuestra oración.

¿Cómo entramos en profunda oración? Más que hacer algo simple, la oración profunda se nos abre por la fe, a través de un reconocimiento de la presencia activa del Señor en las profundidades de nuestra alma. Entonces, al quedarnos con él en el nivel profundo donde él habita, nos entregamos a él. Es entonces cuando experimentamos su sed, y cuando le saciamos con la nuestra.

Hay dos fases en esta experiencia de oración: la primera es pasiva, la segunda activa. La primera fase es la expresión de nuestra sed de ser amados por Dios. Es una receptividad pasiva, en la que el Espíritu ora en nosotros: «Ven, Señor Jesús». Una novicia se acercó una vez a la gran mística carmelita santa María Magdalena de Pazzi, quejándose de que no sabía cómo rezar. La santa le dijo hiciera el resto de su oración esa semana, en el jardín, y que aprendiera a orar como las flores. Como las flores mantenían sus pétalos siempre silenciosa y receptivamente abiertos hacia el sol, con buen tiempo y con malo, constantes, sin pretensiones y seguras, esta joven novicia tuvo que inculcar en ella un espíritu de apertura receptiva al Espíritu de Dios.

La segunda fase implica participar activamente en la oración del Espíritu, permitiendo que el Espíritu nos alcance en un movimiento de autodonación. Este movimiento se expresa en la alabanza, adoración e intercesión, cuando expresamos nuestra sed de amar a Dios. El Espíritu Santo se mueve dentro de nosotros para declarar que Jesús es el Señor de nuestra vida y de todo lo que tenemos. Él nos inspira a decir con Jesús: «Abbá, Padre» (Gál 4, 6). Experimentamos no sólo la sed de Jesús por nosotros, sino la sed del Padre por nosotros en Jesús. Y finalmente, entramos y compartimos la mutua sed infinita y el amor saciante entre el Padre y el Hijo en el Espíritu Santo, la prefiguración de la vida eterna.

¿Qué se requiere entonces para esta profunda oración? Exige dos cosas que siempre están a nuestro alcance: la fe y el Espíritu Santo. No tenemos ninguna necesidad de esperar condiciones ideales, más tiempo, mayor energía, o un mejor estado emocional. Sólo necesitamos comenzar a orar, y a hacer uso de los múltiples pequeños momentos de oración durante todo el día como oportunidades de contacto con el Señor. Soledad de espíritu, generosidad de corazón y un genuino deseo de conocer la sed de Cristo nos ayudarán a entrar en una oración profunda.

Día 12 | La importancia de la confianza

Incluso los cabellos de vuestra cabeza están todos contados.

—Lucas 12,7

La confianza amorosa es sólo el fruto de la entrega total. No podéis tener confianza a menos de que seáis una cosa con una persona. La total entrega y la confianza amorosa son gemelas.

—Madre Teresa (Instrucciones, 1983)

La confianza es un elemento clave de nuestra vida espiritual. La confianza conduce a la entrega a la voluntad de Dios, y la entrega lleva a la alegría. Conocer a Dios es confiar en él. Si no le conocemos, no confiaremos en él.

Sin confianza, nuestra fe es infecunda y estéril, como el conocimiento de Satanás. Sin confianza, nuestra caridad se paraliza por el miedo y la resistencia. La confianza contiene un elemento tanto de fe como de caridad, pero es distinta de ambos. La confianza tiene sus raíces en la fe; podríamos decir que es fe aplicada. La confianza es la actitud y la acción de aplicar nuestra fe a nuestra vida, hoy, ahora mismo. Implica compartir la visión de Dios sobre nuestra vida y la manera de vernos con sus ojos. La confianza percibe a Dios en los acontecimientos y ve los acontecimientos a la luz de Dios. El fundamento de la confianza es la fe en la implicación real, presente y activa de Dios en todas las cosas, sin importar lo pequeñas que sean. La confianza significa creer que «en todas las cosas interviene Dios para bien de los que le aman» (Rm 8,28), no sólo en términos generales, sino especialmente en el asunto presente que esté afrontando. La confianza significa apartar nuestros ojos de los acontecimientos inmediatos y elevarlos a Dios, su contexto adecuado y su fuente. La confianza es una apertura a Dios, permitiendo que él mismo se encarne en nuestra historia personal.

Jesús constantemente intentó inculcar en aquellos a quienes predicaba una confianza indestructible e incluso ingenua en el Padre.

La confianza es la convicción de que no nos falta nada, dentro de nosotros o fuera de nosotros, y que todo está avanzando según el designio del Padre. La confianza ve la mano del Padre en todas partes, tal como Jesús lo hizo, incluso cuando se dirigía a su pasión. En esa prueba suprema, Jesús no necesitó luchar de nuevo con cada acontecimiento específico porque él vio, en los acontecimientos ocurridos ante él, la mano del Padre, hasta el punto de tratar con Judas y Pilato. La confianza es una visión que penetra el velo, el «rostro doloroso» que a menudo encubre el rostro de Dios en los demás. La confianza es una actitud de la mente y del corazón que permite que Dios sea el verdadero Señor de nuestra vida.

Hay dos aspectos de esta actitud de confianza: uno es general; el otro es concreto y específico. El primer aspecto, el general, puede ser entendido precisamente como la confianza misma, el abandono. Nuestra falta de abandono en Dios le duele, a veces más que nuestros pecados. Él viene a nosotros necesariamente envuelto en los acontecimientos que conforman su amorosa providencia, y anhela ver que le recibimos en esos acontecimientos, sin apartarnos de ellos cuando ocultan su presencia. La confianza en Dios significa la prontitud para sembrar semillas de resurrección, incluso en medio del sufrimiento y la oscuridad. Pero para ser de valor real, esta actitud general de confianza en Dios debe aplicarse específica y concretamente en nuestra situación actual. Queremos obtener una respuesta habitual de confianza para todos los acontecimientos de nuestra vida. Queremos responder a todo lo que ocurra con la convicción de que esto también está dentro del plan de nuestro Padre amoroso, que ha contado los cabellos de nuestra cabeza, y que se deleita en darnos lo mejor.

Día 13 | Crecer en confianza

He aquí la esclava del Señor; hágase en mí según tu palabra.

—Lucas 1,38

Mi Jesús, haz conmigo lo que desees, por el tiempo que desees, sin un solo vistazo a mis sentimientos y dolor. Soy tuya... Quiero saciar tu sed con cada gota de sangre que puedas encontrar en mí.

—Madre Teresa (Carta, 1959)

Si la confianza en Dios es tan importante para nuestra vida espiritual, ¿cómo podemos profundizar nuestra confianza? Muchos de nuestros problemas con la confianza vienen porque no entendemos el objeto de nuestra confianza. El objeto de la confianza no es la confianza en que Dios dé, o haga, o cambie, lo que estamos pidiendo de él. Es más bien la confianza en nuestra unión con él, la firme convicción de que lo que está sucediendo ahora es lo mejor que podría suceder para avanzar en esa unión, es un abandono.

Regularmente necesitamos hacer frente a los enemigos de la confianza. Uno de ellos es la «apariencia» o visión superficial de nuestra vida, cuando tomamos las cosas por su valor nominal y no vemos su significado más profundo. Este es un error fácil de cometer, pero hace un gran daño a nuestra vida de fe. Mientras que la confianza auténtica conduce a la estabilidad, la ecuanimidad y la serenidad tanto en el dolor como en la alegría, una visión superficial de las cosas nos deja tirados por las olas de lo que nos está pasando.

Esta visión superficial puede llevar a esperanzas superficiales. Más que esperar en Dios y en todo lo que él quiere, podemos centrar nuestras esperanzas y deseos en cosas superficiales. En lugar de esperar en la presencia de Dios y en la plenitud de lo que él ha planeado, nos encontramos esperando sólo en este o aquel acontecimiento o cosa inmediatos. Esto trae consigo ansiedad, distracción y desaliento, porque esas falsas esperanzas en última instancia siempre nos fallan. Incluso nuestros deseos más «santos» pueden ser enemigos de la confianza, si se fundan en una visión individual, en nuestra propia voluntad o en autosuficiencia. La verdadera confianza sólo puede florecer en una atmósfera de docilidad y dependencia de Dios.

La confianza es de especial valor cuando nos encontramos en medio de de las tormentas de la vida. Nuevamente, el objeto de nuestra confianza no es la ausencia de tormentas. Dios no nos promete salvarnos *de* las tormentas, pero promete salvarnos *en* las tormentas. Nos rescata y nos lleva a través de las tempestades y las usa para nuestro bien. La confianza no es un juego piadoso; es un hábito eminentemente práctico de relación. Confiar en Dios es vivir en la realidad, libre de ilusiones. Una parte de la realidad de la confianza significa reconocer que sólo somos criaturas limitadas y pobres, absolutamente dependientes de Dios. Requiere humildad aceptar nuestras limitaciones y nuestra impotencia ante los planes de Dios. La confianza es, por lo tanto, un aspecto de la pobreza de espíritu: la disposición a no necesitar saber por qué, no exigir, no establecer condiciones, sino elegir y abrazar lo que Dios ha planeado o permitido para nuestro bien.

Para ser auténtica, la confianza debe ser incondicional. Sólo funciona cuando es completa e integral. Así como el agua siempre debe estar humeda para ser agua, si no, no es agua de verdad, del mismo modo la confianza es siempre incondicional, si no, no es una verdadera confianza. No existe algo como la confianza ocasional. No es una exageración decir que la decisión fundamental que tomaremos es si le damos o no a Dios nuestra confianza plena: cien por ciento. Todo lo demás depende de esta única decisión, esta única actitud, porque Dios sólo puede trabajar en nosotros si confiamos en él.

Nuestra Señora confió en Dios completamente, y su acto de confianza permitió que el Verbo se encarnara en su seno. De forma análoga, el fruto de nuestra confianza será la «encarnación» de la Palabra de Dios, la propia sed de Dios tomando carne en nuestras vidas. Cuanto más se asemeje nuestra confianza a la de nuestra Señora, más plenamente lograremos esta encarnación tan anhelada por el Señor. Este es el motivo por el cual su respuesta está llena de poder: «He aquí la esclava del Señor; hágase en mí según tu palabra» (Lc 1,38).

El día 14 | La Eucaristía

Jesús les dijo: «Yo soy el pan de vida; el que
venga a mí no tendrá hambre; y el que crea en mí,
no tendrá sed jamás».

—Juan 6,35

Mira la humildad de Dios. Él mismo se hizo hambriento para
saciar nuestra hambre de Dios por medio de nuestro amor...
Mira la unidad entre oración y cordial servicio gratuito.
Encontramos a Jesús en el Pan de Vida en la Eucaristía y en
la humanidad de Cristo en el rostro doloroso de los pobres.
Debemos ser capaces de unir ambos... ¡La oración por sí misma:
no! ¡El trabajo por sí mismo: no! Estos dos tienen que ir juntos.

—*Madre Teresa (Instrucciones, 1978)*

A la luz de la sed divina, ¿cuál es el significado de la Eucaristía?
La sed siempre se expresa en el don, y el don, a su vez, revela
la sed. Dios ha tenido tanta sed de nosotros como para
convertirse en uno de nosotros, darnos su Cuerpo y su Sangre,
para que podamos ser transformados en él. La Eucaristía
es el sacramento de la sed de Dios —el sacramento de ese
momento supremo en la cruz— un eco atronador del «Tengo
sed». Es el don total de la sed de Dios para satisfacer nuestra
sed de él y de su amor.

Como el apóstol san Juan, que escuchó primero el grito
de la sed de Cristo, también nosotros estamos allí en la cruz,
gracias al don de la Eucaristía. ¿Qué significa realmente estar

presentes en la cruz? En el Calvario, las palabras de Jesús se dirigen a todo el mundo: «¡Tengo sed!». En la Eucaristía, están dirigidas a cada uno de nosotros. El eco vivo del «Tengo sed» se nos dice a nosotros en toda su plenitud. La Eucaristía es el don supremo que contiene todos los demás dones. En la Eucaristía, Dios nuestro Padre está haciendo un don personal total de su Hijo a cada uno de nosotros. Todo lo que Jesús es y todo lo que ha hecho se vuelca en nuestra pobreza. El poder de la sed de Cristo en el don de la Eucaristía nos da el poder para hacer que nuestra sed, a su vez, se convierta en un don.

Esto significa que todo lo humano en nosotros debe transformarse y divinizarse. Por la Eucaristía llegamos a ser lo que Jesús es y se nos capacita para hacer lo que ha hecho, porque él nos ha enviado su Espíritu, el fruto de la resurrección. En la Eucaristía tiene lugar un tejido de vidas: entramos en el misterio pascual de Jesús, y él entra y vive en nosotros. Por la Eucaristía, la fuerza del amor de Cristo entra en cada momento del tiempo, de toda la historia, y penetra en el mundo a través de nosotros, permitiéndole continuar su alabanza al Padre y servicio a los demás a través de nuestra vida.

Por eso, el don de la Eucaristía que recibimos no es sólo para nosotros. Tenemos que convertirnos en una extensión viviente de Cristo. Su vida es «tomar carne» en nosotros. Igual que las humildes especies del pan y del vino contienen la magnitud del amor de Dios, así también las humildes condiciones de nuestra vida pueden convertirse en una liturgia de alabanza, adoración y servicio. Si preguntamos: ¿dónde está hoy la sonrisa de Jesús, sus palabras, sus manos, su compasión, su voz, su rostro? La respuesta es: él vive en nuestra caridad.

Somos los portavoces de la sed de Jesús y el Padre. Esa es la dignidad de nuestra vocación cristiana. El poder de la cruz presente en la Eucaristía nos da la fuerza para cargar nuestras cruces. La máxima expresión de su amor nos lleva a la máxima expresión de nuestro amor. Toda nuestra vida es una prolongación viviente de la Eucaristía, no la nuestra, sino la suya. Debajo de la pobreza y la miseria que pueden ser vistas por los ojos humanos, el Padre ve la vida de su Hijo. En la Eucaristía, nos convertimos en lo que celebramos.

Esto significa que nuestra vida debe estar en armonía con la Eucaristía. Nosotros, también, seremos partidos y derramados para los demás, pero es Cristo quien está partido y derramado en nosotros. Nos convertimos en pan de misericordia e intercesión para los demás. Quienes hemos recibido la curación nos convertimos en vehículos de curación.

La Eucaristía es el centro brillante de nuestra fe, el núcleo mismo de nuestra vida cristiana.

III.

El ejemplo de la Virgen

Día 15 | Nuestra Señora en Caná

A los tres días, había una boda en Caná de Galilea, y la madre de Jesús estaba allí. Jesús y sus discípulos estaban también invitados a la boda. Faltó el vino, y la madre de Jesús le dice: «No tienen vino».

—Juan 2,1-3

Sé todo sólo para Jesús a través de María.
Es el mejor camino para saciar su sed.

—*Madre Teresa (Carta, 1990)*

Caná y el Calvario fueron el alfa y la omega del ministerio público de Jesús, el principio y el final de su obra de revelación de la sed del Padre. Éstos son también los dos sitios especialmente marcados por la presencia de nuestra Señora.

El misterio sobre el papel de nuestra Señora en la revelación de la sed de Dios había comenzado ya en el momento de su Inmaculada Concepción. Por ese don de la gracia, María se convirtió en el espejo perfecto y vasija de la sed de la Trinidad. A continuación, en el anuncio del ángel Gabriel, ella experimentó la sed que Dios tenía de amarnos y recibir nuestro amor. Durante los nueve meses durante los cuales llevó al Verbo eterno dentro de sí, llegó a conocer, como ninguna otra criatura humana, la profundidad de la sed de Dios de estar con nosotros. Al dar a luz a Jesús, trajo la sed de Dios al mundo, y desde ese día en adelante, su oración constante fue una súplica al Padre para compartir con el mundo entero la sed viva dentro de ella. Fue la sed de Dios la que atravesó el corazón de María, según la profecía de Simeón.

Ahora, en las bodas de Caná, nuestra Señora abre las compuertas, el «vino nuevo», de la sed de Jesús. En esta ocasión, cuando el vino se agota, nuestra Señora pide a Jesús mucho más que un refrigerio para una celebración. Ella le ruega que se revele plenamente en todo su amor y en su sed de amor a la humanidad. Ella sabía el significado de las imágenes bíblicas de la alianza matrimonial entre Dios e Israel, y las bodas de Caná debieron parecerle el escenario perfecto para la revelación de la profundidad y la realidad del amor contenido en esa imagen, un amor que fue llevado a término en su Hijo y en su sed infinita. Se dirige a pedirle a Jesús en Caná lo que los profetas habían hecho a menudo en los grandes momentos de la revelación: hablar la palabra de Dios y al mismo tiempo llevarla a cabo en símbolo. La transformación del agua en vino significaría un cambio simbólico del agua de la Antigua Alianza al vino del Evangelio y de la Nueva Alianza.

Jesús la entiende y entiende lo que significa su petición; él ve su deseo de que revele la plenitud de su ser al mundo. Él responde que su «hora» aún no ha llegado, en el sentido de la ofrenda de sí mismo en la crucifixión. María no podía saber que el Padre había reservado la revelación plena de su gloria para otra «fiesta de bodas», la del Calvario, la boda real de Dios y la humanidad, la verdadera revelación y de la saciedad de la sed de Dios y del hombre. Caná fue sólo el símbolo de ese acto culminante, el signo de lo que iba a venir.

A la luz de la verdadera magnitud de la petición de María, podemos entender la respuesta de Jesús y resolver la aparente contradicción entre su respuesta y la realización de su primer milagro. Tras la primera apariencia de haber disuadido a María, Jesús realmente responde a su petición, y cambia el agua en vino. Sin embargo, esta no era la hora de realización, sino del anuncio. Anuncio de la plena revelación, «el mejor vino», se guardaría ciertamente para el final, para el momento de la Crucifixión en el Calvario. Jesús sabe que va a responder a la oración de María totalmente en la cruz y que ella estará presente para testimoniarlo.

Día 16 | Nuestra Señora en el Calvario

Junto a la cruz de Jesús estaban su madre, la hermana de su madre, María, la de Cleofás, y María, la Magdalena.

—Juan 19,25

Así, veis de qué forma podéis tomar vuestro sitio al pie de la cruz con María, nuestra Madre, y saciar la sed de Jesús. Ofrezcamos todo a Jesús: cada dolor, humillación, molestia.

—*Madre Teresa*

En la narración de la pasión del evangelio de Juan, se nos presenta una sorprendente relación entre nuestra Señora y la sed de Dios. Jesús ha sido llevado al Gólgota y crucificado allí; al ver a su madre de pie cerca de la cruz, junto a su discípulo Juan, dice a su madre: «¡Mujer, ahí tienes a tu hijo!» (Jn 19,26). Luego dice a Juan: «¡Ahí tienes a tu madre!» (Jn 19,27).

La Iglesia ha entendido que este acto de la Cruz era el don que Jesús hacía de María a la Iglesia como madre suya. A continuación, inmediatamente después de la entrega de este don, viene el grito de Jesús: «¡Tengo sed!» (Jn 19,28).

Desde su lugar en la cruz, Jesús hace una importante conexión entre el don de nuestra Señora como Madre y el regalo de su sed. Proclama la sed de la Trinidad por la humanidad solo después de habernos dado a «la mujer», que podría cuidar y alimentar esa sed dentro de nosotros. Ella podría protegerla aplastando la cabeza de la serpiente. La primera Eva había llevado a la humanidad a rechazar la sed de Dios; la nueva Eva iba a llevar a la humanidad a aceptarla. Estos dos regalos están conectados e interdependientes para siempre. La Iglesia primitiva comprendió la conexión desde el inicio. Los primeros discípulos regresaron al Cenáculo después de la Ascensión y se reunieron en oración alrededor de nuestra Señora. Igual que había preparado a la Iglesia para la revelación de la sed de Dios en el Calvario, así prepararía a los discípulos de Cristo, tanto entonces como ahora, para la comunicación de esa sed en la efusión del Espíritu Santo en Pentecostés.

Volvamos a la escena del Calvario: nuestra Señora había seguido de cerca a Jesucristo en el dolor y en la oración por el camino de la cruz. Ahora está en el lugar de la crucifixión, al frente de todos los demás. Ella busca a los discípulos de Jesús, los hombres que escogió. ¿Ninguno de ellos será testigo de la conclusión de la misión de Jesús? ¿Ninguno va a estar presente para ver la verdadera gloria de Dios cuando sea levantado para llamar a todos los hombres hacia sí? Por último, llega Juan.

En un primer momento había huido como los demás, pero supera su debilidad y hace su camino de regreso a nuestra Señora, a través de la multitud burlona, a lo largo de la Vía Dolorosa. En María encontró un amor, fuerza y serenidad que superaron y sostuvieron los suyos propios. Él encontró un corazón que abriría su propio corazón, y que le permitirá escuchar esas importantes palabras pronunciadas por Cristo desde su trono de sufrimiento. Juan, el discípulo del Señor, fue llevado al encuentro y experiencia de la sed de Jesús a través de la presencia y del cuidado de nuestra Señora. Es un servicio que ella realiza voluntariamente para todo discípulo.

En el Calvario, abriendo su alma al grito de sed de Jesús, María se convirtió en la mujer anunciada en el Génesis, la nueva Eva, «madre de todos los vivientes». Ella alimentó la sed de su hijo en Juan y en los primeros discípulos, protegiéndola, purificándola y sosteniéndola.

Día 17 | Nuestra Señora en la Iglesia

Una gran signo apareció en el cielo: una mujer vestida del sol, y la luna bajo sus pies y una corona de doce estrellas sobre su cabeza; y está encinta, y grita con dolores de parto.

—Apocalipsis 12,1-2

Cuánto necesitamos que María nos enseñe lo que significa saciar la sed de amor de Dios por nosotros que Jesús vino a revelarnos. Lo hizo muy bellamente. María permitió que Dios tomara posesión de su vida por su pureza, su humildad y su amor fiel. Busquemos crecer, bajo la guía de nuestra Madre celestial, en estas tres importantes actitudes interiores del alma que deleitan el corazón de Dios y le permiten unirse a nosotros.

—Madre Teresa (Carta, 1992)

La intercesión y preparación de Nuestra Señora para el don de la sed de Dios ha continuado más allá del Calvario. Fue ella quien compartió con Juan su comprensión de las palabras que ambos habían oído en el Calvario, quien le transmitió el fuego y urgencia que esas palabras habían impreso en su alma, y quien le impulsó a escribirlas para la Iglesia. La presencia de Nuestra Señora, que había acogido a Juan en su corazón y a quien Juan había acogido en su casa en Éfeso fue un recordatorio constante de las palabras de Jesús. Oír decir a Jesús: «He ahí a tu madre» (Jn 19,27), es escuchar a María decir: «He aquí su sed».

Después de su Asunción al cielo, el papel de intercesión
de María fue magnificado y fortalecido inmensamente. Jesús
había ascendido a la diestra del Padre, y nuestra Señora se
le unió allí. En su Ascensión, a Jesús se le dio «todo poder y
autoridad en el cielo y en la tierra». Tras su coronación como
Reina Madre, nuestra Señora recibió una parte de su poder y
autoridad: no para ser servida, sino para servir al misterio de
la sed de Jesús en la Iglesia y en el mundo.

Cuando el mundo empieza a ir a la deriva una vez más
respecto de su Hijo, allí se encuentra a María. Cuando el vino
nuevo que había empezado a fluir en Caná está a punto de
«agotarse» en los corazones de los hombres, María aboga por
nosotros una vez más, recordando a su Hijo que «no tienen
vino» para la boda. Una y otra vez ha respondido a su petición
y respondido con la gracia a su intercesión por nosotros.

En nuestra debilidad y nuestra caminar errante, en
esta «hora» urgente de nuestro rechazo completo de Cristo,
imitemos a Juan en ese día de la crucifixión y busquemos a
nuestra Señora.

Ella fortalecerá nuestros corazones y nos llevará fielmente
a nuestro propio Calvario, donde podremos acercarnos a
Jesús en la gloria de su Pasión, y escucharemos y tocaremos
su sed. Ella nos acercará a su Pasión en la Eucaristía, a su
Pasión en nuestras familias y en nuestras comunidades, en los
pobres y en la pobreza de nuestros propios corazones, y ella
permitirá que nuestras almas sean «traspasadas», como lo fue
la suya, por la espada de la sed de Dios. Ella nos acercará a
los pies de la cruz para que podamos saciar la sed de Cristo, y
hablar de su sed a un mundo sediento. Pero no podemos dar a
otros lo que no hemos experimentado primero. Con la ayuda
de la Virgen, nosotros, como Juan, podemos llegar a conocer

y llevar a los demás «lo que hemos oído, lo que hemos visto con nuestros ojos, lo que contemplamos y tocaron nuestras manos» (1 Jn 1,1): el misterio de la sed de Jesús por nosotros.

Ha sido un rol y dignidad especial de Nuestra Señora reunir la sed de Dios y del hombre, como ella lo hizo en primer lugar en su seno, como lo hizo en las bodas de Caná, como lo hizo para Juan en el Calvario, como lo hizo con los discípulos en Pentecostés, y como lo hará con cada uno de nosotros si vivimos en nuestra vida diaria esos mismos misterios. Ella es el «jardín cerrado», el nuevo Edén, el lugar de bodas de Dios y el hombre en Jesús.

Día 18 | Dos vidas, una vocación

El grito de Jesús en la Cruz sonaba continuamente en mi corazón: «¡Tengo sed!»

—Santa Teresa de Lisieux (Historia de un alma)[*]

La sed de Jesús en la cruz no es imaginación.
Fue una palabra: «Tengo sed». Escuchémosle diciéndome
y diciéndote... Es realmente un don de Dios.

Si escuchas con el corazón, escucharás, entenderás....
Mientras no conozcas por dentro que Jesús tiene sed de ti, no
podrás empezar a saber quién quiere ser él para ti. O quién
quiere que seas para él.

—Madre Teresa (de la Novena a la Beata Teresa de Calcuta)[†].

La llamada original de Jesús a los doce apóstoles a seguirlo y pertenecerle permanece como patrón perenne de toda vocación, el modelo para todos aquellos que son llamados a seguir a Jesús de una manera especial. Pero la llamada al amor y al servicio no es algo genérico. Cada llamada dentro de la Iglesia tiene una naturaleza específica. Cada llamada representa un determinado servicio al Cuerpo de Cristo y lo hace en un espíritu único. ¿Cuál fue la vocación especial

---

[*] John Clarke, O.C.D, *Story of a Soul—The Autobiography of St. Thérèse of Lisieux* [Translated from the original manuscripts by John Clarke, O.C.D] (ICS Publications, Washington, D.C. 31996) 99 [tras. esp. Santa Teresa de Lisieux, Historia de un alma (Monte Carmelo, Burgos 72002).

[†] «Jesus Is My All in All». A Novena to Blessed Teresa of Calcutta [edited by Fr. Brian Kolodiejchuk, M.C.] (Printed by the Knights of Columbus, Mother Teresa Center 2005) 15 [trad. esp. https://pinmaculadavg.wordpress.com/novena-a-madre-teresa-de-calcuta/]

que Dios tenía en mente para la Madre Teresa? ¿Cuál sería el espíritu único que debería caracterizar su respuesta a su llamada a amar y servir a los demás?

Podemos ver una pista para la respuesta en la misma Madre Teresa, que siempre entendió su propia vocación, siguiendo el ejemplo de su patrona, santa Teresa de Lisieux. La Madre Teresa siempre tuvo una profunda admiración hacia el caminito de santa Teresa: hacer cosas pequeñas con gran amor. Pero el caminito, tanto para la Madre Teresa como para santa Teresita, fue el fruto de algo más; fue la expresión de raíces profundas y ocultas, sin las cuales el caminito sólo sería algo bueno, pero no lo suficientemente importante como para ser una parte esencial de su vocación.

El origen de la vocación de la Madre Teresa es muy conocido: fue un encuentro con la gracia en un viaje en tren a Darjeeling, en la India, en su camino a un retiro de ejercicios espirituales, donde experimentó la sed de Jesús por su amor y su llamada para saciar esa sed en aquellos que más resonaba, los más pobres de los pobres. Todo lo que ella hizo y llevó a cabo más tarde estaba enraizado en esa experiencia. ¿Por qué habría dejado si no su convento de Loreto e ido a los suburbios, sino por haber sido profundamente tocada por la convicción de la sed diaria de Jesús por su amor y llevada por el deseo de saciarle donde él tenía más sed?

¿Qué hay sobre Teresita? ¿Cuáles fueron los orígenes de su vocación, y las raíces de la conocidísima espiritualidad del «caminito»? ¿Podría haber sido el mismo de la Madre Teresa? ¿Había una experiencia común de la sed de Jesús? A primera vista parecería que no había una evidente experiencia común de este tipo. Sin embargo, la conexión está ahí, como lo hará claro una mirada más profunda. En su autobiografía, santa

Teresita habla, no una vez, sino once veces, de la sed de Jesús. Y habla de su sed en el mismo lenguaje utilizado por la Madre Teresa, describiéndola como una «sed de amor y de almas».

Teresa de Lisieux no sólo habla de su experiencia personal de la sed de Jesús, sino que sitúa esa experiencia en un punto crucial en la historia de su vida. La experiencia inicial, que permaneció con ella hasta el final, ocurrió un domingo al mirar a una imagen de Cristo crucificado. Años más tarde, ella escribiría que el grito de la sed de Jesús había penetrado su alma en ese momento, y que las palabras «Tengo sed» «habían inflamado [en ella] un ardor vivo y desconocido» de amor. «Yo quería saciar a mi Amado», escribe ella, «y me sentí devorada por su misma sed de almas»[*]. Luego prosigue: «Me parecía oír a Jesús que me decía, como a la samaritana: "Dame de beber"; y cuanto más le daba yo de beber, más crecía la sed de mi alma»[†]. Llamó a la experiencia de la sed de Jesús el don más preciado y el canal de su amor.

---

[*]   Ibíd., 98 99.
[†]   Ibíd, 100 101.

Día 19 | El caminito y la sed de Dios

(Jesús) no tiene ninguna necesidad de nuestras obras, sino sólo de nuestro amor, por lo mismo que Dios declara que no tiene necesidad de decirnos cuándo está hambriento y tampoco temió pedir un poco de agua a la mujer samaritana. Él estaba sediento. Pero cuando dijo: «Dame de beber», era el amor de su pobre criatura lo que el Creador del universo estaba buscando. Estaba sediento de amor.

—Santa Teresa de Lisieux (Historia de un alma)[*]

Somos contemplativas en el corazón del mundo porque tenemos que saciar la sed de Dios. Lo que somos, lo que hacemos, no es lo que hacemos o cuánto hacemos, sino cuánto amor ponemos en ello. ¡Cuánto amor! ¡Esa estúpida pequeña cosa! Sí, cuánto amor.

—Madre Teresa (Instrucciones, 1992)

¿Por qué el caminito, la práctica de hacer pequeñas cosas con gran amor, es de tanta importancia para Teresa de Lisieux y para la Madre Teresa? La respuesta es que el caminito es la expresión lógica y necesaria de la vocación para saciar la sed de Dios por amor. En una de sus más famosas líneas, Teresita declaró gozosamente: «¡Mi vocación es el amor!... En el corazón de la Iglesia, mi madre, yo seré el amor»[†]. Separada de la experiencia de la sed de Jesús, la fuerte expresión de

---

[*]   Ibid, 188 189.

[†]   Manuscrito B.

la vocación al amor de Teresita, incluso hasta el punto de *ser* el amor en la Iglesia, pierde mucho de su claridad y fuerza. Pero entendida como una expresión de la sed de Jesús por amor, la vocación de Teresita de compartir y comunicar ese amor se hace tanto inteligible como potente.

Debido a que la Madre Teresa y santa Teresita compartieron una experiencia común de la sed de Jesús, también compartieron una vocación común de responder a esa sed. Si el corazón de la sed de Jesús era una sed de amor, entonces, el amor necesitaba ser la vocación de las dos.

Con la práctica de realizar cosas pequeñas con gran amor, la llamada para saciar la sed de Cristo está siempre al alcance. Como contemplativa, Teresa vivió el caminito de amor dentro de los muros del claustro. La Madre Teresa, y la Congregación fundada por ella, vivió el caminito no sólo saciando a Jesús a través de la oración, sino también sirviendo su sed entre los pobres. Vistas en este contexto, las obras humildes de amor llegan a ser hermosas como signo y testimonio del amor y la sed de Cristo.

En la llamada al amor dada a Teresita y a la Madre Teresa, podemos ver lo que Dios está haciendo en nuestro tiempo. Nunca la vocación al amor ha sido más urgente o importante de lo que lo es ahora. En su plan de amor, Dios dio la gracia de la experiencia de su sed a santa Teresita, que iba a vivir escondidamente, como Jesús vivió en Nazaret. Igual que la vida oculta de Jesús fue una preparación para su ministerio público, así también la comunicación interior y oculta de esta gracia a la Iglesia a través de la Pequeña Flor fue para preparar la expresión pública y visible del mismo carisma y vocación en la persona muy pública de la Madre Teresa.

El modelo original de la llamada a santa Teresita, trazado de nuevo en el alma de la Madre Teresa, es una perpetua gracia a la Iglesia, no sólo como un modelo para las carmelitas y las misioneras de la caridad, sino como una fuente de inspiración para todos los que desean saciar la sed de Jesús por las almas. Pidamos, pues, a santa Teresita que interceda por nosotros, como ella lo hizo evidentemente por la Madre Teresa, para que seamos penetrados por el misterio de la sed de Jesús por amor, y que tanto para nosotros como para ella el grito de sed de Jesús resuene constantemente en nuestros corazones.

Día 20 | El Inmaculado Corazón de María

El ángel le dijo: No temas, María, porque has hallado gracia delante de Dios.

—Lucas 1,30

Nunca podéis ser «sólo todas para Jesús», si vuestro amor a nuestra Señora no es una realidad viva. Acercaos mucho a la Virgen para que ella puede llevaros a Jesús... ¡Agarraos a nuestra Señora! «María, Madre de Jesús, quita todos los pecados de mi vida». Eso es saciar la sed de Jesús.

—Madre Teresa (Instrucciones, 1982.1983)

La Madre Teresa insistía a menudo en que no se trataba tanto de un trabajo en particular, cuanto más bien de un espíritu particular con el que se realizaba ese trabajo, lo que constituía su vocación y la de sus hermanas; no tanto lo exterior cuanto lo interior. La Madre Teresa tenía un amor especial al Corazón Inmaculado de María como señalando a la esencia de su llamada e hizo que la fiesta del Corazón Inmaculado fuera la fiesta patronal de su Congregación. Podemos ver por qué esto pudo ser así. Las fiestas de nuestra Señora se refieren a acontecimientos específicos en su vida o funciones que ella desempeña; pero el Corazón Inmaculado de María celebra la postura interior de amor. Su corazón simboliza su constante saciar la sed de Dios de amor. Los componentes de la vocación de la Madre Teresa —la experiencia de la sed de Jesús, la vocación al amor, y el caminito de trabajos humildes— encuentra su fuente primera y más profunda en el Corazón Inmaculado de María.

El Corazón Inmaculado de nuestra Señora es un modelo para toda la Iglesia, para todos los que han sido llamados a representar y testimoniar la sed de amor de Cristo. La confianza de nuestra Señora, su entrega a los designios de Dios, su alegre gozo como un don para los demás, su pobreza de espíritu, su humildad y su profundidad nos proporcionan un testimonio de amor del cual aprender y al que imitar.

Pero la Virgen no es un modelo distante, que sólo pueda ser imitada desde lejos. Ella es, ante todo, una presencia en nuestra vida, incluso como lo fue para Juan, una persona en la que podemos tener confianza y a la que recurrir en todas nuestras necesidades. María está presente para interceder por nosotros para una mayor comprensión de la sed de su Hijo; ella está presente para compartir con nosotros su propia experiencia de la sed de Jesús; ella está presente para protegernos en nuestras peregrinaciones y para devolvernos a la fidelidad y generosidad. Nos llevará a permanecer con ella *juxta crucem*, «junto a la Cruz» de la Pasión de Jesús en el mundo. Allí, a los pies de la cruz, continúa su vigilia y misión hasta el fin de los tiempos, y allí el Señor sigue declarando, para aquellos que tienen oídos para oír: «¡Tengo sed!».

En el designio del Padre, todos los discípulos de Jesús fueron llamados a amar a Dios y a predicar el evangelio y, consecuentemente, a saciar su sed de amor y de almas. Pero a Juan se le dio la misión especial de ser el testigo de la sed de Jesús en el seno de la Iglesia primitiva. Para poder realizar esta llamada, fue esencial que primero se enfrentara cara a cara con el misterio de la sed de Dios en el Calvario. Y para ese encuentro fue necesario agarrarse a nuestra Señora, tanto para descubrir la sed de Jesús en la Cruz como en su testimonio de esa sed en su último escrito y predicación en Éfeso.

Mientras respondemos a la llamada para saciar la sed de Dios por el hombre y la sed del hombre por Dios, es necesario que primero nos encontremos cara a cara, cada día con el misterio de la sed de Jesús por nosotros. Y como le sucedió a Juan, esto sucede cuando nos quedamos junto a nuestra Señora. Ni Caná ni el Calvario habrían sido lo mismo para los discípulos si nuestra Señora no hubiera estado allí. Nuestro propio Caná y Calvario, esos momentos en que encontramos el amor de alianza de Jesús y nos vaciamos con él en favor de los demás, no serán todo los que están destinados a ser en el plan del Padre, si nuestra Señora no está presente.

Tomemos, pues, como Juan, a nuestra Señora en nuestros hogares, en nuestros corazones. Permanezcamos con ella al pie de la Cruz, vivamos con ella en Éfeso, y dejémosla que nos comunique la sed de Jesús y la manera de expresar y saciar esa sed. Recordemos una vez más que ella, como modelo de la Iglesia, es el lugar de boda entre Dios y el hombre. Es ella quien prepara la boda (Caná), asiste a la celebración (Calvario), y nutre a los huéspedes (Éfeso), logrando la comunión entre la sed de Dios y la sed de la humanidad.

IV.

Sed en el servicio de Dios

Día 21 | Los secretos del reino

A vosotros se os han dado a conocer los misterios del reino de los cielos.

—Mateo 13,11

No tengáis miedo de ser pequeñas. Los números no son los que hacen la diferencia, pero ¿somos realmente suyas? Nuestros votos nos hacen grandes, porque estamos tratando con Dios. Y saciar la sed de Dios es algo grande.

—Madre Teresa (Instrucciones, 1985)

Cristo vino a establecer un reino: el reino de los cielos. Una vez que hemos experimentado la conversión mediante nuestro encuentro con la sed misericordiosa de Dios, somos movidos, igual que lo fue Pablo en el camino de Damasco, a preguntarle: «¿Qué debo hacer, Señor?» (Hechos 22,10). El Padre contesta esa pregunta colocándonos ante Jesús y diciendo: «Este es mi Hijo amado, en quien me complazco; escuchadle» (Mt 17,5).

El Padre quiere infundir en nosotros el deseo de entregarnos totalmente a Jesús y de responder generosamente a su sed desbordante. Jesús es el vehículo, la expresión y el canal de nuestra sed por el Padre y de su sed por nosotros. Responder a la sed del Padre en Cristo lleva a saciar su eterna sed por nosotros.

El núcleo del mensaje y de la misión de Jesús es proclamar e inaugurar este reino en favor de los «pobres». Todas las facetas de la pobreza humana son objeto de la compasión del reino, pero los pobres, a quienes se dirige la buena noticia especialmente, son quienes se presentan ante Dios reconociendo su necesidad, su vacío, su pecaminosidad y su sed. Los pobres son aquellos que van ante él con las manos vacías en plena aceptación de su pobreza espiritual. La primera condición para recibir los beneficios del reino es la de recibirlo como un niño (cf. Mt 18,3), humildemente pero reconociendo y aceptando con alegría nuestra necesidad de las aguas vivas. Aquellos que intentan entrar en el reino a través de su propia autosuficiencia o santidad alcanzada por los propios esfuerzos serán, en palabras de nuestra Señora: «derribados de sus tronos» y «despedidos vacíos».

Parece que hay cuatro principios esenciales, cuatro «secretos del reino», inherente a la buena noticia anunciada por Jesús: principios que deberían informar la manera en que servimos a Cristo.

El primero de ellos es el don total. La buena noticia es un anuncio de los dones gratuitos e inmerecidos de Dios. Toda la creación y toda la revelación de Dios proclaman el amor de Dios dado gratuitamente a sus criaturas, enraizado en el misterio de la oblación ilimitada entre las Personas de la Trinidad. Como nos recuerda san Pablo: «¿Qué tienes que no hayas recibido?» (1 Cor 4,7). Regalo gratuito es la fuerza motriz detrás de la efusión de la misericordia de Dios y el tema subyacente de la Buena Noticia, la llave maestra para entender el reino de Dios. Cuando aceptamos el amor gratuito y la misericordia de Dios, no nos hacemos más pequeños; crecemos más. Es el único camino para nuestra verdadera dignidad y libertad.

El segundo principio es el abandono: «No os preocupéis por vuestra vida, qué comeréis o beberéis, ni por vuestro cuerpo, qué vestiréis… Buscad primero el reino de Dios y su justicia, y todas estas cosas se os darán por añadidura» (Mt 6,25.33). Nuestras dudas, nuestra falta de confianza, testifican contra nosotros que no hemos comprendido plenamente el Evangelio. Pero una vez que entendemos, entonces no sólo proclamamos nuestra confianza en el reino, sino que vivimos un modelo de confianza. El abandono es una señal de que estamos en armonía con el reino. Nos hace libres para dar a conocer el reino.

El tercero es el amor total. El don que hemos recibido no es para que quede infecundo, contenido dentro de nosotros mismos; debe desbordar hacia los demás. «Recibiste gratis, dalo gratis» (Mt 10,8). La amistad con Jesús en el reino significa que podemos cumplir el mandamiento nuevo del amor mutuamente. Así como Jesús es amado por el Padre y a su vez nos ama, así tenemos que seguir el mismo ciclo de expansión, permitiendo que el Hijo, en el Espíritu, ame a través de nosotros. Como el Hijo nos ha amado, así amemos a otros.

El cuarto es la conversión total. Nuestra respuesta a la Buena Noticia del reino implica aceptar la invitación de Jesús a la conversión radical. Debemos estar dispuestos a cambiar lo que necesite ser cambiado, a hacer lo que sea para vivir como verdaderos miembros del reino del amor de Cristo.

Cuando hemos comprendido la sed del Señor, entonces deseamos saciar su sed y entregarnos enteramente a él: sed de él con todo nuestro ser.

Día 22 | La zarza ardiente

Cuando el Señor vio que se apartaba para ver, Dios le llamó desde la zarza: «¡Moisés, Moisés!» Y él dijo: «Aquí estoy». Luego dijo: «No te acerques; quítate las sandalias de tus pies, porque el lugar en el que estás es terreno sagrado».

—Éxodo 3,4-6

Se supone que debemos saciar la sed de Jesús, y esta sed nos fue revelada desde la cruz. No podemos conocer o saciar la sed de Jesús si no sabemos amar y vivir la cruz de Jesús. Debemos estar unidos con Jesús en nuestro sufrimiento, con nuestro corazón lleno de amor al Padre y amor a las almas, así como era Él.

—Madre Teresa (Carta, 1996)

El libro del Éxodo narra la historia de Moisés que se encuentra con Dios en el desierto (cf. Éxodo 3,1-8). En el momento de su aparición, Moisés era un refugiado, que vive en el exilio y cuida los rebaños de su suegro. En un cierto momento ve una zarza, ardiendo con fuego, pero sin consumirse. Se dirige a un lado para obtener una mirada más cercana de esta extraña visión, cuando Dios le habla desde la zarza. Este encuentro es el comienzo de la acción de Dios para liberar a los israelitas de la esclavitud. Podemos entenderlo también como una imagen de la forma en que el Señor viene a cada uno de nosotros.

Observa que es el Señor quien toma la iniciativa de aparecerse a Moisés. Dios tenía sed de Moisés y lo buscaba, incluso en los confines del desierto. Moisés se estaba ocupando de su trabajo, lleno de sus propios pensamientos y preocupaciones, y Dios intervino sobre él. De la misma manera, Dios quiere entrar en la «zarza ardiente» de nuestros corazones y revelarse a nosotros, por su propia iniciativa y por su libre elección.

Cuando Dios logra obtener la atención de Moisés, Moisés comienza a caminar hacia la zarza ardiente; pero antes de que llegue muy lejos, Dios lo detiene y lo llama por su nombre: «¡Moisés, Moisés!» (v. 4). El Señor quiere dejar claro a Moisés que este encuentro es el fruto de su llamada; es su plan y debe proceder de acuerdo a su dirección. Moisés comenzó con una simple curiosidad, pero ahora es parado en seco. Tocado por la gracia, Moisés responde entonces: «Aquí estoy». Ahora la actitud de Moisés ha cambiado. Ya no es él quien pregunta; sabe que está en la presencia de Dios y se dispone a responder.

Como lo hizo con Moisés, Dios lo hará con nosotros: él nos parará en medio de nuestros planes y objetivos espirituales y nos llamará por nuestro nombre. Acercarse a Dios sólo desde el punto de vista de nuestros propios planes, preocupaciones y curiosidades es poner las cosas al revés.

El Señor quiere un auténtico encuentro personal con nosotros, no con nuestros problemas y nuestros programas. Tenemos que ser un lienzo vacío ante él, en toda nuestra pobreza, nuestra desnudez, y nuestra nada. Su sed hacia nosotros viene primero; sólo entonces podemos responder con nuestra propia sed hacia él.

Entonces el Señor le dice: «No te acerques; quítate tus sandalias de tus pies, porque el lugar en el que estás es terreno sagrado» (v.6). El Señor ama a Moisés y planea hacer grandes cosas a través de él. Pero su amor y sus planes sólo pueden llegar a buen término si Moisés primero se prepara a sí mismo y cambia su actitud. Tiene que quitarse sus sandalias, símbolo de una persona libre de ir donde quiere, y reconocer que está en terreno sagrado, que ha entrado en una zona de intensa presencia de Dios donde la reverencia y la obediencia son las únicas respuestas adecuadas. Este es siempre el camino cuando Dios viene a nosotros. La primera cosa que Jesús dijo a la raza humana fue: «Yo te amo, y tengo sed de tu presencia». Estas palabras fueron «habladas» en la Encarnación, por Dios buscándonos y viniendo a vivir entre nosotros. La siguiente cosa que sale de la boca de Jesús fue: «¡Arrepentíos!», una palabra que significa «¡Cambio!». Debido a que el Señor nos ama tanto, él quiere que nuestra unión con él sea completa, y esto sólo puede suceder si estamos dispuestos a permitirle que nos haga santos como él es santo. El verdadero amor siempre desea este tipo de cambio en el amado.

Cuando Moisés responde a la presencia y llamada de Dios a quitarse las sandalias y ocultar su rostro, actos de reverencia y obediencia, Dios entonces se revela a sí mismo espontáneamente: «Yo soy el Dios de tus padres, Dios de Abraham, el Dios de Isaac y el Dios de Jacob» (v.6). Él entonces promete a Moisés que ha visto la aflicción de su pueblo, y que va a librarlos de todos sus sufrimientos y llevarlos a una tierra que mana leche y miel (cf. vv.8-9). Moisés no había previsto nada de esto; pero los planes de Dios fueron mucho más allá de sus propias esperanzas.

Igual sucede con nosotros: el Señor es consciente de, y se conmueve por, nuestras debilidades y sufrimientos. Él no quiere sólo resolver nuestros problemas y curarnos, sino darnos más y mayores dones de lo que hayamos pedido o imaginado. Él nos va a salvar, si no insistimos en imponer nuestros propios términos y planes. Debemos abandonar cualquier cosa que estemos sosteniendo firmemente, sea lo que sea que nos mantenga esclavizados, y dejar libre a Dios para hacer lo que él quiera, como él quiera. Si mantenemos la actitud de Moisés, recibiremos el don de Moisés. Y el Señor nos llevará a una tierra de bondad y de vida, que ha sido preparada para nosotros antes de la fundación del mundo.

Día 23 | La sed de Dios está presente en todas partes

Estoy seguro de que ni muerte, ni vida, ni ángeles, ni principados, ni presente, ni futuro, ni potestades, ni altura, ni profundidades, ni nada en toda la creación, podrá separarnos del amor de Dios manifestado en Cristo Jesús Señor nuestro.

—Romanos 8,38-39

Este «Tengo sed» y «Yo sacio» deben hacer nuestra vida fecunda. En cada prueba, dificultad, incomprensión, recuerda estas palabras... Los pobres no sólo están en los suburbios, sino aquí en esta casa. Aquí mismo saciamos su sed.

—*Madre Teresa (Instrucciones, 1984)*

Si tomamos en serio la afirmación de Pablo de que todas las cosas concurren para el bien de los que aman a Dios, esto significa que todo lo que está presente en nuestra vida es un reflejo de la sed de Dios hacia nosotros. No hay nada previsto, todo está en sus manos, y todo es don suyo. Mientras seguimos considerando la sed de Dios manifestada en nuestra vida, puede ser útil observar tres categorías principales en donde esa sed se da a conocer.

La primera de ellas es el mundo natural. Cuando vemos toda la belleza moral y espiritual que nos rodea, la fe nos permite ver al Señor que es el autor de toda esta belleza, la que se refleja en el espejo de su creación. Esta belleza es la cautivante llamada de su sed. No debería llevarnos al deseo de posesión, sino al levantamiento de nuestros corazones en actitud de alabanza.

La segunda categoría de la sed de Jesús se encuentra en el rostro doloroso de los heridos, en la angustiosa experiencia del amor rechazado. Sin embargo, puede ser que ese rechazo humano haya llegado a nosotros y escondiéndose detrás de este rechazo encontremos a Jesús, sediento de nuestro amor generoso y guiándonos a rezar en favor de los que nos han herido. Lo mismo es verdad dondequiera que encontramos sufrimiento y heridas en otros alrededor de nosotros. Esa herida es Jesús sediento en otro para que amemos y consolemos.

Una tercera expresión de la sed de Dios viene en forma de obstáculos a nuestra unión con Dios. Estos difíciles momentos, independientemente de si es tentación o distracción, están destinados a convertirse en un trampolín para nosotros. Igual que Jesús ignoró las tentaciones del diablo en el desierto y volvió sus oídos a los abucheos de la multitud en el Calvario, así nos invita a compartir con él esos momentos de sufrimiento.

Estas expresiones de los tipos de sed de Dios no son meras reflexiones de Dios y de su amor; el Señor en toda su inmensidad está realmente presente en todos estos acontecimientos. Aunque esta presencia es algo universal, es siempre personal al mismo tiempo. Podemos rezar la oración: «Ven, Señor Jesús», con la profunda confianza de que Dios está siempre contestándola, en todos los detalles de su creación y en todos los acontecimientos y circunstancias que vienen a nosotros.

Dios, que está presente en todos estos dones, no está presente en ellos de forma pasiva. Está actuando, moviéndose, comunicando su sed hacia nosotros. Queremos evocar esta verdad con frecuencia hasta que se convierta en una actitud espiritual habitual. Queremos formar nuestros ojos en la fe, de tal manera que podamos ver que en todo lo que nos rodea, la voz de Aquel que está buscándonos, está diciendo: «Ven a mí».

Día 24 | La caridad y la presencia de Dios

El amor de Cristo nos urge, porque estamos convencidos de que uno murió por todos; por tanto, todos murieron.

—2 Corintios 5,14

Estos deseos de saciar el anhelo de nuestro Señor por las almas de los pobres, de víctimas puras de su amor, [va] en aumento con cada Misa y Sagrada Comunión. Todas mis oraciones y todo el día, en una palabra, están llenas de este deseo.

—*Madre Teresa (Carta, 1947)*

La caridad es un signo del reino, del Dios que se revela en la palabra y las obras como el amor. Comunicamos a Cristo y le revelamos irradiando lo que él es —caridad— en lo que somos y hacemos, en palabras y en obras de caridad. La caridad es una verdadera revelación, una encarnación del Evangelio en acción. ¿Es el cristianismo verdaderamente la respuesta a la sed del mundo, o tenemos que esperar a otro? Una vez en silencio tras observar el amor encarnado en acción en la casa de moribundos de Calcuta, un *mullah* indio dijo a la Madre Teresa: «Toda mi vida he sabido que Jesús fue un profeta. Pero hoy sé que él es Dios... porque sólo un Dios podía dar esa clase de gozo al servir al prójimo».

La caridad radical y gozosa es tal vez la única prueba más convincente de la existencia de Dios en nuestro mundo

materialista y confuso en el que argumentos razonados solos
ya no son capaces de tocar o cambiar las mentes y los
corazones. Santo Tomás de Aquino hizo famosas las «cinco
vías» para demostrar la existencia de Dios. Pero esas cinco
maneras ya no bastan por sí solas para un mundo hambriento
tanto por su riqueza tanto como por su pobreza. Debe haber
un «sexto camino», el camino de la caridad: un argumento
irrefutable, una demostración, una visión, una experiencia, a
través de actos de caridad, del eterno Dios, que es la caridad.
Este «sexto camino» es el primer camino, el camino preferido
y propio de Dios para revelarse «porque él nos amó primero»
(1 Jn 4,19).

Además de revelar a Dios y su amor, la caridad también
comunica ese amor. No sólo habla de Dios, sino que, en cierto
sentido, es mediadora de la presencia de Dios. Las obras de
caridad son obras de Dios, no sólo porque se convierten en
sus instrumentos, sino porque están privilegiadas con una
presencia especial de Dios, que es la caridad.

La caridad no sólo convence y se comunica, también
atrae, asumiendo una belleza y atractivo que habla tanto a
creyentes como a agnósticos, convirtiéndose en un reflejo del
esplendor de Dios mismo y un espejo de su belleza. Las obras
de caridad son realmente algo hermoso para Dios, porque
la caridad participa en Dios y en su propia belleza. En un
sentido, la caridad es la belleza.

Debido a que es hermosa, debido a que atrae, la caridad
provoca una respuesta según el destinatario. Invita, alienta y
estimula; resulta contagiosa. Los ideales atraen sólo cuando se
viven. La belleza encuentra su poder sólo cuando toma forma.
A menudo, como decía la Madre Teresa: «Para aprender la
caridad, necesitamos verla vivida». La caridad se irradia a

sí misma y es fecunda y se propaga con la misma frescura y vitalidad de Dios mismo.

Sólo aquellos que han recibido la caridad pueden creer en la caridad. Sólo aquellos que han visto la caridad pueden creer en un Dios de caridad a quien no pueden ver. Pero una vez percibida, esta caridad conduce no sólo a la fe, sino que vuelve a la caridad, un resurgimiento de la caridad, que a su vez reinicia el mismo ciclo de la creencia, la atracción y la respuesta en los demás.

Esta es nuestra vocación cristiana, revelar a Dios. ¿Cómo se hace eso? Debemos irradiar a Cristo y proclamar su presencia en palabras y en obras de caridad, que, aunque sean pequeñas, reflejen la belleza de la Trinidad.

Día 25 | La compasión, sed continua de Cristo

Jesús recorría todas las ciudades y aldeas, enseñando en sus sinagogas y predicando el evangelio del reino, y sanando toda enfermedad y toda dolencia. Cuando vio las multitudes, tuvo compasión de ellos, porque estaban extenuadas y abatidas, como ovejas sin pastor.

—Mateo 9,35-36

Uno de los más bellos regalos de Dios a nuestra comunidad es servir y poner nuestro amor a Jesús en acción viva al servicio de los más pobres... en dar amor tierno y cuidado a los pobres, a los moribundos, a los lisiados, a los indeseables, a los no queridos, a los leprosos, y así llevar una vida nueva y un nuevo gozo a sus vidas.

—*Madre Teresa (Discurso, 1992)*

Estamos cara a cara ante un gran misterio, que comenzó con la Encarnación y se cumplió en el Calvario: el misterio de un Dios que, en Jesús, está tan sediento del hombre que tomó en todo nuestro pecado, nuestra pobreza y nuestro abandono, nuestro sufrimiento, nuestra esclavitud y nuestra muerte. Todo el abismo de miseria simbolizado en nuestra hambre y sed humana lo tomó sobre sí hasta el punto de que nuestra sed encontró voz en la suya. Dios se había unido tanto a nosotros que el grito de Jesús desde la cruz fue tanto de la sed del Padre como de la nuestra. Cuando nuestros primeros padres comieron del árbol del Edén, el amor de Dios por el hombre se convirtió en sed; en el árbol del Calvario esa sed se convirtió en com-pasión, «sufrimiento con», teniendo sed no sólo de, sino con, una humanidad sedienta.

La realidad bella e insondable es que la compasión de Dios continúa; Jesús todavía tiene sed de la humanidad caída. Él no sólo siente nuestra sed, sino que tiene sed de nuestra sed, porque nos ha hecho uno con él haciéndose él uno con nosotros. La Madre Teresa dijo una vez: «Dios se ha convertido en hambriento, solitario, necesitado». Jesús sigue siendo nuestro Emmanuel en los pobres y en los que sufren. Es precisamente en nuestra pobreza, en esos lugares y momentos en que sentimos más la necesidad de Dios y de su aparente ausencia, donde misteriosamente habita entre nosotros. Él se ha hecho tan pequeño, tan cercano a nosotros, tan uno con nosotros que se esconde en nuestra propia sed. Allí él tiene sed de nosotros y por nosotros, y allí, bajo el rostro doloroso de los pobres y los que sufren alrededor de nosotros, él continúa pidiendo: «Dame de beber» en el pozo de Jacob de nuestros corazones. Si en estos momentos supiéramos solo quién es el que nos está pidiendo de beber, si conociéramos solo el don de Dios, qué fácilmente responderíamos con compasión a aquellos que nos rodean. Al ver la pobreza de quienes nos rodean, vemos la pobreza de Jesús. Cuando él se muestra en el rostro doloroso de los pobres, también vemos al Padre, y descubrimos el amor y la sed del Padre. Jesús, presente en los pobres y en los que sufren, revela la sed del Padre.

¿Cuánto cambiaría para nosotros si siguiéramos a Jesús al pie de la letra: «Tuve hambre ... Tuve sed ... forastero... enfermo... en la cárcel... [y] a mí me lo hicisteis» (Mt 25,35-36.40). ¿Cuántos pobres y personas que sufren hay alrededor de nosotros? ¿Cuántos hay en nuestros propios vecindarios?

¿Los encontramos alguna vez y compartimos su crucifixión con ellos?

La compasión hacia los que sufren es la piedra angular del ministerio cristiano, en primer lugar porque es el mismo Jesús quien sufre en los que sufren, y, en segundo lugar, porque la compasión hacia la pobreza y el sufrimiento físicos expresa, hace auténticos, aumenta, y completa nuestra compasión por la pobreza y sufrimiento espirituales más profundos menos obvios. Como Jesús, estamos llamados a servir a la persona en su totalidad, a respetar la naturaleza sacramental del hombre en virtud de la cual las realidades espirituales se expresan y comunican a través de gestos externos. Estamos llamados a poseer y proclamar una profunda compasión por la pobreza interior del hombre: la compasión exterior es parte integral y expresión necesaria de una compasión interior aún más profunda.

Mediante el ejercicio de la compasión, empezamos a abrazar el rostro doloroso de los que sufren, y aprendemos a amar lo «desagradable». Esa misma condición de desagradable es la más aplastante de las cruces. La Madre Teresa decía: «Sed amables, muy amables con los que sufren y los pobres. Somos poco conscientes de lo que atraviesan… tratadlos como templos de Dios». Al ser tratados como «templos de Dios», los que sufren comienzan a redescubrir su dignidad humana; nuestra caridad revela a Cristo en ellos tanto para ellos mismos como para el mundo.

Día 26 | Seguir el rumbo de la compasión

No nos cansemos de hacer el bien, a su tiempo cosecharemos, si no perdemos el corazón.

—Gálatas 6,9

Profesas jóvenes celosas, el sonido de vuestros pasos en la búsqueda de las almas debe ser como una dulce música para Jesús. Mantened la sed de almas ardiendo siempre en vuestros corazones, porque sólo entonces seremos verdaderas Misioneras de la Caridad.

—Madre Teresa (Instrucciones, 1966)

Es comparativamente fácil experimentar la compasión y responder a quienes sufren, durante un tiempo corto. Pero para mantener el rumbo, amar lo «desagradable» a lo largo del tiempo, caminar el kilómetro extra, requiere la gracia de la generosidad. Así como Jesús nos ha amado «hasta la muerte» (Flp 2,8), necesitamos aprender a amar sin medida, sin tomar en cuenta el costo, amar hasta que duela y más allá.

La inevitable fatiga, ya sea de cuerpo o de espíritu, que viene sobre aquellos que sirven a otros en la compasión, no es simplemente su consecuencia indeseable; es una parte integrante de nuestro servicio, ya que nuestro servicio se inserta en la obra redentora de Cristo. No sólo llegar a los pobres y a los que sufren, sino que especialmente en la misma fatiga, frustración y dolor que trae sobre nosotros, estamos participando en la acción salvífica de Cristo.

El incansable esfuerzo que da sustancia a nuestra compasión nos lleva no sólo a responder a quienes nos invitan a sus vidas, sino también a buscar a aquellos que no lo hacen, expresando una misericordia que no sólo perdona, sino que provoca la conversión.

Al igual que toda caridad, nuestra compasión, si es auténtica, debe empezar en casa, dentro de nuestras propias familias y comunidades, hacia aquellos con quienes vivimos, trabajamos y servimos. Es allí donde nuestra compasión y nuestra solidaridad deberían encontrar sus raíces y potencial más profundos.

Ante la inmensidad de necesidades que nos rodean y la imposibilidad de satisfacerlas todas, nunca debemos dudar del valor de lo poco que podemos hacer. Más bien, debemos estar siempre dispuestos a dar al Señor nuestros «cinco panes y dos peces» (Lc 9,13), confiando en que él bendecirá y multiplicará lo que le traemos según su voluntad. Sólo el amor de Dios que actúa a través de nosotros puede saciar la sed de Jesús. Nuestra confianza está en Dios mismo, en el poder de su Palabra pronunciada con nuestra voz, en las pequeñas cosas que dejan espacio a Dios y a su actividad.

Amar a los que sufren alrededor de nosotros significa estar dispuesto a vaciarse por ellos, no sólo por las masas, por la humanidad como un todo, sino por cada alma inmortal, por esta persona delante de nosotros en este momento. Como ocurre con la Eucaristía, y también con los pobres y los que sufren, Jesús está igualmente presente tanto en uno como en muchos. Quizás la mejor manera de mostrar que nada es demasiado para nuestro amor compasivo sea, paradójicamente, demostrar que nada es demasiado poco, que estamos dispuestos a hacer cosas pequeñas por pocos con gran amor. Por este medio, podemos seguir a Jesús rechazando las tentaciones en el desierto, que también nosotros sentimos, tentaciones de buscar resultados inmediatos y disfrutar elogios huecos por nuestros esfuerzos en lugar de elegir el camino de la pobreza, la humildad y la confianza paciente del Padre.

Cada persona que encontramos es un templo de Dios. Como la Madre Teresa siempre insistía: «Jesús habría muerto incluso por uno». La dignidad de cada persona merece un gran sacrificio, ya que cada persona es Jesús.

V.

Participar en
la sed de Cristo

Día 27 | Pedro y la cruz

Quien quiera salvar su vida, la perderá, pero quien pierda su vida por mí, la encontrará.

—Mateo 16,25

¿Cómo afrontar la sed de Jesús? Sólo un secreto: cuanto más cerca estés de Jesús, mejor conocerás su sed.

—Madre Teresa (Carta, 1993)

Una lección importante para los discípulos tuvo lugar una vez cuando Jesús estaba de camino con sus discípulos, algunos meses antes de su muerte (cf. Mt 16,13-28). Había habido una creciente oposición y hostilidad a Jesús y su ministerio; y él estaba preocupado por fortalecer la fe de los discípulos y por prepararlos para el futuro conflicto.

Jesús pregunta primero a sus discípulos: «¿Quién dicen los hombres que es el Hijo del hombre?» (v.13). Los discípulos contestan que la gente piensa que él es un profeta como muchos de los profetas de la antigüedad. Entonces Jesús les hace una pregunta la importante: «Y vosotros, ¿quién decís que soy yo?» (v.15). Él no está buscando aquí simplemente una respuesta de «catecismo». Quiere saber lo que él significa para sus discípulos, ellos que han llegado a conocerlo. Iluminado por la fe, Pedro responde: «Tú eres el Cristo, el Hijo de Dios vivo» (v.16). Entonces Jesús le dice a Pedro dos cosas. Lo primero es la verdadera identidad de Pedro: «Yo a mi vez te digo que tú eres Pedro, y sobre esta piedra edificaré mi Iglesia» (v.18).

Cuando Pedro ve quién es Jesús, entonces se le da luz para que se vea a sí mismo. Nuestra identidad está tan ligada a nuestro Creador y Salvador, que sólo podemos empezar a entendernos a nosotros mismos cuando empezamos a entender a Cristo.

La segunda revelación dada a Pedro y a los discípulos tiene que ver con acontecimientos próximos. Solo cuando han comenzado a ver a Jesús realmente y a entender que él no sólo es «el camino, la verdad y la vida» (Jn 14,6) en un sentido general, sino que se ha convertido para cada uno de ellos en su camino hacia el Padre, la verdad y la vida, Jesús revela el misterio de su próxima crucifixión y resurrección. Sin embargo, cuando Pedro escucha esto, se aleja de la fe y vuelve a evaluar las cosas desde una perspectiva meramente humana. Considera difícil recibir la noticia de que Cristo padecería de esta manera. Jesús le reprende bruscamente: «Eres piedra de tropiezo para mí; porque no estás del lado de Dios, sino de los hombres» (Mt 16,23). Fueron palabras duras de oír para Pedro, decirle que estaba obstaculizando a su Maestro. Pedro amaba a Jesús, pero su amor era todavía demasiado simplemente humano. Tenía planes para servir a Jesús, pero sus planes eran también demasiado humanos.

Jesús entonces sigue esta represión con un principio general: que el camino hacia el reino sólo puede venir a través de la crucifixión. «Si alguno quiere venir en pos de mí, niéguese a sí mismo, tome su cruz y me siga» (v.24). La aceptación del misterio de la cruz es siempre la piedra de toque de la realidad. El discernimiento de nuestro servicio a Cristo y la forma correcta de nuestras vidas debe ajustarse a la lógica de la cruz, o estaremos perdidos en una ilusión.

Es importante que abracemos esta enseñanza de Jesús con alegría, como guía hacia todo lo bueno. Tenemos que hacer la paz con nuestras cruces, de modo que podamos llevarlas, y no simplemente arrastrarlas detrás de nosotros. Necesitamos llegar a ser amigos con las cruces que Dios envía a nuestro camino. Jesús reveló la crucifixión a sus discípulos y amigos justo cuando crecieron en una comprensión más profunda de quién era él, en la intimidad del amor. De la misma manera, él nos lleva a comprender la cruz, cuando nos acercamos a él en el amor. La cruz es el medio más decisivo que Jesús utiliza para expresar su sed por nosotros, y es la forma más beneficiosa para nosotros de vivir nuestra sed de él.

Día 28 | Nuestras heridas como sed

Bendito sea el Dios y Padre de nuestro Señor Jesucristo,
Padre de las misericordias y Dios de toda consolación,
que nos consuela en toda tribulación para poder
nosotros consolar a los que están en cualquier
tribulación, con el consuelo con que nosotros mismos
somos consolados por Dios. A medida que compartimos
abundantemente los sufrimientos de Cristo, así
mediante Cristo compartimos abundantemente
también la consolación.

—2 Corintios 1,3-5

Hasta que no oigas a Jesús en el silencio de tu propio corazón,
no podrás escucharle diciendo: «Tengo sed» en el corazón de
los pobres... No sólo es que él te ama, incluso más: él te anhela.
Te echa de menos cuando no te acercas. Él tiene sed de ti,
incluso cuando no te sientes digno.

—*Madre Teresa (Carta, 1993)*

Hemos estado viendo la gran verdad de que Dios tiene sed de nosotros profundamente en Cristo y que quiere encender en nosotros una profunda sed de él. Aquí queremos entender esa verdad. Si estamos a punto de abrazar esta verdad, necesitamos descubrir las muchas manifestaciones de la sed de Jesús en nuestras vidas, en el pasado y en el presente.

Cada una de nuestras vidas se nos ha presentado con regalos que expresan la sed personal de Dios hacia nosotros y, sin embargo, con preciosos regalos ocultos que necesitan ser descubiertos y redescubiertos. Puede ser una buena práctica repasar nuestras vidas a través de esta mirada para ver las diferentes expresiones de la sed de Dios que se nos han dado a lo largo del camino, sean de personalidad, de providencia, o de los sacramentos.

Pero no solo en las bendiciones evidentes podemos ver la sed Dios hacia nosotros. Incluso nuestros sufrimientos y nuestras heridas son dones para nosotros, expresiones de la sed de Dios. ¿Cómo puede ser eso? Hay una invitación en todo lo que hemos sufrido para amar a Cristo, como él nos ha amado: llevar una parte de la cruz que fue colocada sobre él. Porque el Señor nos ama, quiere compartir su gloria con nosotros, y el camino hacia el Calvario es el único camino hacia la gloria. Cristo también anhela compartir con nosotros su alegría más grande —la de derramar gracias sobre las almas— y nosotros podemos compartir esto más plenamente en la medida en que nuestros sufrimientos están unidos a los suyos.

Por tanto, hagamos las paces con todas nuestras heridas y sufrimientos. Son esenciales para la revelación de la sed de Dios, y nos ayudan a ser más totalmente dependientes de él. El Señor nos atrae hacia sí con dos manos: con alegría y dolor. Vistas a la luz de la fe, tanto las alegrías como las tristezas son dones de Dios. Y porque la cruz fue el lugar donde Jesús más claramente tuvo sed de nosotros, nuestra participación en esa cruz siempre será el lugar más grande y más seguro para encontrar la sed de Jesús. Cada detalle de cada cruz tiene su lugar en el plan de Dios. Mientras la luz del amor sediento de Dios brille sobre nuestras cruces, podremos verlas como Dios las ve, como su manera de acercarnos cada vez más profundamente a su corazón. La cruz parecía ser el momento de mayor oscuridad, pero en realidad fue el momento de mayor luz, trayendo paz, alegría y triunfo.

Quizá podamos, débilmente, ver cómo nuestras heridas o sufrimientos pueden unirnos a Cristo; pero ¿qué hay acerca de nuestros pecados e infidelidades? ¿Pueden encajar en el plan de Dios? ¿Pueden también, de alguna manera, ser canales de su sed? La respuesta es sí, así de fácil. Recuerda que Dios ha visto nuestros pecados y fracasos desde toda la eternidad, y ya los ha tomado en cuenta, llevándolos en su plan por nosotros. Recuerda las consoladoras palabras que José dijo a sus hermanos que le habían vendido como esclavo en Egipto: «No os aflijáis o enojéis con vosotros mismos, porque me vendisteis aquí; porque Dios me envió delante de vosotros, para preservar la vida» (Gén 45,5). Dios recibe nuestra división, y al igual que un maestro artesano no puede resistirse a restaurarnos, haciendo de nosotros algo más hermoso que antes. Igual que el hijo pródigo lo descubrió, el don del perdón y de la misericordia de Dios es la máxima expresión de su sed de amor hacia nosotros.

A causa de nuestros pecados perdonados, la gloria de la sed de Dios hacia nosotros brillará más resplandecientemente durante toda la eternidad.

Podemos sentir que hemos estropeado su plan, pero, si aceptamos su perdón, el resultado será justo lo contrario. La sed de Dios será revelada más verdaderamente en el perdón misericordioso que hemos recibido que en lo perfecta que haya podido ser nuestra justicia.

Día 29 | La pobreza y la sed de Cristo

Bienaventurados los pobres de espíritu, porque de ellos es el reino de los cielos.

—Mateo 5,3

Si quieres llegar a ser santo, hazte pobre. Jesús se hizo pobre para salvarnos, y si realmente queremos llegar a ser pobres, como Cristo, entonces tenemos que ser realmente pobres, espiritualmente pobres.

—*Madre Teresa**

Es una verdad notable que cuando Dios vino entre nosotros, escogió venir como un hombre pobre. La primera expresión de la pobreza elegida por Dios fue el anonadamiento del Verbo eterno en el misterio de la Encarnación. El amor llevó a Dios a vaciarse a sí mismo. La pobreza de Jesús no fue un valor en sí misma; fue una expresión del amor del Padre. «Conocéis la gracia de nuestro Señor Jesucristo, que aun siendo rico, se hizo pobre por nosotros, para que por su pobreza llegarais a ser ricos» (2 Cor 8,9). La pobreza elegida es, sobre todo, la caridad; así, la caridad conduce inevitablemente al deseo, o incluso a la necesidad, de la pobreza. Como la Madre Teresa decía a menudo: «El amor y la pobreza van juntos, de común acuerdo».

---

* Mother Teresa, *Where There Is Love, There Is God* [Edited by Fr. Brian Kolodiejchuk, M.C.] (Doubleday, Nueva York 2010) 238 [tras. esp. *Donde hay amor, está Dios* (Planeta, Barcelona 2012)].

Paradójicamente, cuando elegimos la pobreza, la pobreza involuntaria de nuestra condición humana encuentra su verdadera riqueza al ser enriquecida por Dios. Para amar como Jesús amaba, necesitamos desear una cierta pobreza, porque la pobreza elegida es básica para la dinámica interna del amor. El amor lleva por naturaleza al deseo de compartir lo que uno tiene con el ser querido, y compartir significa que nos vaciamos dando lo nuestro a los demás, y que asumimos sus necesidades y sufrimientos.

El amor también lleva naturalmente al deseo de servir y el servicio requiere que experimentemos un vaciamiento interior que nos permita la libertad para servir. Aunque es primariamente una disposición interior, la auténtica pobreza también necesita las expresiones externas. Jesús se hizo pobre para ser capaz de amar. Si deseamos amar también debemos hacernos voluntariamente pobres, sea esto abrazando una vida consagrada de pobreza, o dando, cuanto seamos capaces, nuestro tiempo y recursos a aquellos en necesidad.

Jesús no tenía que hacerse pobre; no era su obligación. Él eligió conscientemente la pobreza para su misión. Considera lo constante que fue la manifestación exterior de su pobreza interior: nació en un establo; pasó treinta años como un humilde trabajador; durante su ministerio público no tenía dónde reclinar la cabeza; luego fue hecho prisionero y clavado en la cruz como un criminal, sediento, traicionado y abandonado; finalmente fue sepultado en una tumba prestada. Si Jesús escogió ser pobre con el fin de expresar su amor y cumplir su misión, ¿no está claro que nosotros, que tenemos que ser un signo de Cristo, otro Cristo, también necesitamos elegir la pobreza? Alcanzar el grado de pobreza que el Señor pide, implica un proceso gradual de vaciamiento interior y exterior. Interiormente tendremos que vivir la humildad de Jesús, separándonos de la ambición y el deseo de posesiones, buscando los últimos lugares, dejando de lado habitualmente nuestros falsos tipos de sed de riquezas temporales o de cualquier tipo. Exteriormente, necesitaremos gradualmente simplificar nuestra vida, encontrar formas de encarnar nuestro espíritu de pobreza interior, escoger no poseer o usar ciertos lujos. La pobreza exterior expresa y refuerza nuestro «sí» a Dios.

La cruz fue la culminación del anonadamiento de Jesús, la consecuencia más completa de la Encarnación y la revelación suprema de nuestra sed de Dios y de la sed de Dios de saciarnos. La cruz no fue un acontecimiento aislado o accidental; fue la expresión triunfante de la pobreza interna y externa de Jesús, su doble crucifixión de espíritu y carne.

La cruz es una encarnación de la pobreza, y la pobreza es una encarnación de la cruz.

El fruto de tal pobreza es la alegría. No nos alejemos de Cristo tristes, como el joven rico, sino dejémonos llenar con la alegría de nuestra unión a él, mientras permanecemos, en la pobreza del amor, con aquel que satisface nuestra sed más profunda.

Día 30 | Sufrir con Cristo

**Queridos míos, no os extrañéis del fuego
que ha prendido en vosotros y sirve para probaros,
como si ocurriera algo extraño. Al contrario, estad
alegres en la medida que compartís los sufrimientos
de Cristo, de modo que, cuando se revele su gloria,
gocéis de alegría desbordante.**

1 Pedro 4,12-13

*Cómo debe amarte nuestro Señor que te da tanta parte en su
sufrimiento. Eres feliz, porque eres su escogida. Sé valiente y
alegre, y ofrece mucho por mí para que pueda llevar muchas
almas a Dios. Una vez que entras en contacto con las almas,
la sed crece diariamente.*

—Madre Teresa (Carta, 1952)

Nuestra llamada a seguir y saciar al Señor no es sólo una cuestión de servirle, sino aún más importante, de sufrir con él. Para ello necesitamos una disposición interior de auto-donación. Jesús nos invita a sufrir junto con él, para tomar parte en la obra de la redención, no sólo en nuestro corazón, sino en nuestro espíritu y carne, como él lo hizo. Compartir el misterio de la redención significa necesariamente sufrir. Jesús no salvó al mundo por su predicación, sino por su sufrimiento y muerte. Jesús cumplió el plan del Padre, precisamente en su sufrimiento, al elegir abrazar los detalles de la pasión que el Padre había ordenado, con todo su horror e injusticia, ya que en este sufrimiento la gloria del amor sediento de la Trinidad resplandecerá.

Pedro nos dice que no nos sorprendamos por el sufrimiento. Es el plan del Padre para nuestra gloria, para saciarnos plenamente en su Hijo, y darnos la feliz oportunidad, y el eterno honor, de haber saciado, por nuestra parte, a su Hijo.

Con la ayuda del Espíritu Santo, podemos llegar a un lugar de compromiso personal donde podeamos compartir los sufrimientos de Jesús, que le permita continuar su misión de alabanza, salvación y saciedad, concretamente en nuestra vida diaria. Este es el motivo por el que venimos a este mundo: para compartir la «hora» de Jesús, y saciar, proclamar y canalizar su sed para el mundo, tal como lo hizo desde la cruz.

El sufrimiento es nuestra tarea; es nuestra misión. Nuestras heridas son las heridas de Jesús, quien continúa su gloriosa pasión dentro de nosotros. Debido a que él vive en nosotros, tenemos una participación en su vida y en su sufrimiento. La Iglesia honra especialmente a quienes llevan los estigmas, los signos físicos de la Pasión de Jesús. Pero la verdad es que todos estamos estigmatizados; todos llevamos las heridas de Cristo, no por ningún mérito nuestro, sino por puro don de Dios. ¿Tiene sentido para un estigmatizado pedir que se le eliminen las heridas de Cristo? Si padecemos sólo porque nos negamos a amar, entonces no ganamos nada. Pero participar en las heridas de Cristo es un gran honor.

Así, alegrémonos en nuestro sufrimiento. Cualesquiera que sean nuestras reacciones humanas naturales al sufrimiento que encontramos, tenemos que recordar que estas cruces y las heridas que se infligen sobre nosotros son nuestra mayor dignidad. Sonriamos con alegría en medio de nuestras aflicciones. Nuestras heridas son las semillas de nuestra resurrección. Si somos insultados o maldecidos por causa de Cristo, somos bienaventurados, porque el Espíritu del Señor descansa sobre nosotros. No nos avergoncemos de llevar una parte de aquel cuyo amor por nosotros fue tan grande que se entregó a sí mismo en el sufrimiento, incluso hasta la muerte de cruz.

Día 31 | Rendirse a las heridas de la cruz

Si uno le pregunta, «¿Qué son estas heridas en tu espalda?» Él dirá: «las heridas que recibí en casa de mis amigos».

—Zacarías 13,6

Las palabras «Tengo sed», ¿resuenan en nuestra alma?... ¿especialmente cuando vienen la humillación y el sufrimiento? Tienen que venir. ¿Cuál es mi primer pensamiento? Cogeré las rosas. Cuanto más afiladas estén las espinas, más dulce será mi canción... para saciar la sed de Jesús con total entrega: completa, sin contar el costo.

—Madre Teresa (Instrucciones, 1980)

Cuando Jesús fue al Calvario, fue aceptando interiormente la voluntad del Padre, abrazando la cruz que le había puesto encima a favor de sus amigos. Él se sometió a la maldad de los hombres para ganarnos la gracia y la fuerza, para que podamos crecer en el deseo de entregarnos a la bondad del Padre.

¿Qué nos está enseñando Jesús con las heridas que recibió? Esas heridas son nuestra sed de él, nuestra unión con él. Rendirse a la bondad del Padre, como lo hizo Jesús en el camino hacia el Calvario, es nuestro único camino hacia la santidad. Satanás sabe esto, y teme nuestra entrega a Dios por encima de todo lo demás, por encima de toda otra virtud o buena obra. Él la atacará con incesante energía y con los argumentos más lógicos y santos. Como Jesús, necesitamos resistirle, y decir: «¡Apártate de mí, Satanás! Quiero pensar como lo hace el Padre, y no como el hombre» (cf. Mc 8,33).

En todo lo que ocurrió, Jesús permaneció centrado en la Persona del Padre. No se distrajo por el acontecimiento inmediato: la injusticia específica, por esta o aquella persona, por los medios o instrumentos de su sufrimiento. En cada momento de su Pasión, Jesús estaba de pie cara a cara con su Padre.

Como esta fue la clave del camino de Jesús a la cruz, lo es también para nosotros. Debemos ver nuestra entrega como lo hizo Jesús. La entrega verdadera siempre lleva a un encuentro con el Padre en Jesús. Abrazar el madero de la cruz es abrazar al Crucificado clavado allí. Muy a menudo nuestro fallo para entregarnos correctamente a la cruz se debe al hecho de que confundimos el objeto de nuestra entrega. El objeto de nuestra entrega no es el sufrimiento que encontramos, sino la Persona de Jesús que nos revela al Padre. Si nos fijamos en el instrumento de sufrimiento solamente y dejemos de ver al Padre, es imposible entregarse, y perdemos nuestra paz.

Entonces, ¿cuáles son esas heridas que han afligido al Cordero de Dios? Son los signos de su sed hacia nosotros, y su entrega por nuestra entrega. Jesús se entrega a la maldad de los hombres para enseñarnos a entregarnos a la bondad del Padre. Dejemos que nuestro Padre providente, que tiene sed de nosotros, ponga de manifiesto nuestra sed, para manifestar nuestra entrega a través del cáliz que ha escogido, y para darnos la visión de su rostro que recibimos cuando bebemos ese cáliz. Dejemos que nos hable:

«Esta es mi entrega a mi Padre. Esta es mi sed por él y por ti. Y esta es su sed por mí. Hijo mío, si preguntas, ¿qué son estas heridas que llevo? Son tu entrega a mi Padre y tu Padre. Son tu sed de mí y tu unión conmigo. No las rechaces, y no digas: no son justas. Cierto, y tampoco lo fueron las mías. Tus heridas tienen que ser como las mías, de modo que puedan llegar a ser mías. Mi gran dolor, como lo dijo el profeta, es que las he recibido en la casa de mis amigos. Así deberán ser tus heridas. Pero estate en paz y no temas; en tus heridas, me encontrarás. Por tus heridas, me saciarás».

Día 32 | Ofrenda a la sed divina

Ahora me alegro de mis padecimientos por vosotros, y completo en mi carne lo que falta a los padecimientos de Cristo en favor de su cuerpo, que es la Iglesia.

—Colosenses 1,24

Oh, Dios mío, Santísima Trinidad, Padre, Hijo y Espíritu Santo, yo, la Madre Teresa, me ofrezco a ti a través del Corazón Inmaculado de María, Madre de la Iglesia y Madre mía, como víctima de holocausto a tu amor sediento...

—Madre Teresa (Carta, sin fecha)

La misma noción de sed divina incluye el deseo devorador no sólo de amar, sino también de ser amados, a cambio, de la misma manera, con la misma totalidad y ardor, con el mismo deseo de amar y ser amado por Dios. San Juan de la Cruz tiene una famosa frase que dice: «Amor con amor se paga». Podemos aplicar aquí el mismo principio y decir: «La sed sólo se paga con sed».

El corazón de la vocación de las Misioneras de la Caridad, representado en todas sus capillas con el grito de Jesús «Tengo sed» junto a la cruz, es participar con Jesús de su sed. Es importante lo que Jesús pide de nosotros cuando dice: «Tengo sed». Si la sed sólo puede ser compensada con sed, entonces lo único que saciará la sed de Jesús hacia nosotros es nuestra propia sed hacia él. En palabras de san Agustín: «Deus sitit sitiri»—«Dios tiene sed de que se tenga sed de él». Pero, ¿qué mejor testimonio podemos tener de esta verdad que las palabras de Jesús: «Si alguno tiene sed, venga a mí y beba» (Jn 7,37).

La sed de Dios por nosotros nos llegó en forma de don: la total efusión de su Hijo y Espíritu en nuestra pobreza. Nuestra sed de él requiere una autodonación similar, una similar «efusión» en la oblación. (El término oblación se deriva de la palabra latina para el acto de «derramar»). Igual que Jesús hizo su oblación total vaciándose a sí mismo para experimentar su sed por nosotros, así nos derramamos a nosotros mismos en nuestra respuesta de sed por él. Semejante oblación es nuestro compromiso para saciar su sed; es nuestra consagración personal a la sed de su Sagrado Corazón. La oblación a la Sed Divina es una expresión de amor por amor, de don por don, de sed por sed. Implica el don total de sí en todas las circunstancias con el fin de experimentar, vivir, servir y proclamar el misterio de la sed de Dios.

Los elementos de esta oblación son simples:

Primero: Tenemos la intención de darlo todo para saciar la sed de Jesús, de todo corazón, sin retener nada, y sin tener en cuenta el costo. Nada queda excluido. Nuestra oración, nuestros sacrificios, nuestro servicio y nuestro sufrimiento son ofrecidos con este propósito, que es la meta de nuestra vida y el objeto de todas nuestras energías y deseos. Todo por su sed y sólo por su sed.

Segundo: Haremos un pacto personal con el Señor: «Tú serás mío, y yo seré tuyo; sin reserva y para siempre». Asumiremos de buen grado todas sus preocupaciones por saciar y dar a conocer su sed, y abandonaremos todas nuestras preocupaciones en sus manos. En la completa confianza de que Jesús será fiel a su parte del pacto cuidando de nosotros, le entregaremos todas nuestras preocupaciones. Estamos seguros de que se interesará por todos nuestros asuntos, temporales y espirituales, en la medida en que nos ocupemos de los suyos. Sabemos que seremos saciados en la medida en que abandonemos todas las demás preocupaciones para saciarle sólo a él en cualquier forma de vida o servicio que nos haya dado.

Tercero: Nos ofreceremos como vasijas y canales para el amor sediento de Dios a un mundo que espera, para dar su sed en nuestra caridad, interceder por ella mediante nuestra oración y sufrimiento, y proclamarla con nuestras palabras y ejemplo. Deseamos ser apóstoles de la sed de Jesús, veinticuatro horas al día, a tiempo y a destiempo, independientemente de lo que nos cueste.

Oración de consagración a la Sed Divina

Yo (n...) me ofrezco a mí mismo en oblación, totalmente y para siempre, para saciar y proclamar la sed infinita del Padre, del Hijo y del Espíritu Santo, por amor y las almas, que Jesús reveló en el gran grito de sed desde la cruz. A partir de ahora, tomo esto como el único propósito de mi vida y la única intención de todos mis actos, abandonando todo lo demás en tus manos, oh Señor, y dándote la más absoluta libertad sobre mí y sobre todo lo que me concierne, para que yo pueda saciar tu sed en lo que puedas elegir en tu providencia. Hago esta ofrenda a través del Corazón Inmaculado de María, causa de nuestra alegría, y en sus manos encomiendo mi deseo de saciar a su Hijo en humildad, fidelidad y generosidad.

VI.

Jesus, encarnación
de la sed de Dios

Día 33 | El misterio de la cruz

Vosotros me llamáis Maestro, y Señor; y decís bien, porque lo soy. Pues si yo, el Señor y el Maestro, he lavado vuestros pies, vosotros también debéis lavaros los pies unos a otros.

—Juan 13,13-14

¿Sentís la sed de Jesús? ¿Oís su voz?... Saciaré su sed. ¿Quiénes son los más pobres de los pobres? ¡Nadie excepto vosotras y yo! Somos las más pobres de los pobres. Empezando primero por mí, luego la comunidad, paso a paso... Sed sinceras, humildes con Jesús.

—Madre Teresa (Instrucciones. 1994)

La pasión de Cristo —la traición de Judas, su captura por sus enemigos, su juicio, su flagelación, la Vía Dolorosa y, finalmente, su crucifixión— fueron el momento de gloria de Jesús, cuando estaba expresando la sed del Padre por la humanidad en toda su profundidad y estaba ganando para sus discípulos su unión con el Padre. Para nosotros, como para sus primeros discípulos, hay aquí un profundo misterio, el misterio de la Cruz, el instrumento de muerte que misteriosamente se convierte en el árbol de la vida.

En la Última Cena, Jesús prepara a sus discípulos para el misterio de la cruz. Antes de que él dé el don de su Cuerpo y de su Sangre en la Eucaristía y en el Calvario, quiere atraerlos hacia el espíritu de esta gracia y enseñarles cómo vivir este don. El mandamiento de la caridad y la invitación a sufrir, a seguirlo hacia el Calvario, son los frutos y la prueba de que los discípulos están viviendo el don, sedientos de él, y saciando genuinamente la sed por ellos y por los demás.

Antes de que Jesús partiera el pan en la primera Eucaristía y cargara el madero de la cruz del Calvario, quiere que los discípulos tengan claro el significado que hay detrás de lo que va a hacer y sufrir. Así que toma una toalla y agua (símbolo de la curación y del Espíritu Santo), y lava sus pies. Hace el trabajo del esclavo más bajo en un hogar judío. Pensemos en ello por un momento: el Maestro del universo lavando los pies de los doce Apóstoles. Él hace esto, en primer lugar, para lavarlos y, en segundo lugar, para enseñarles que él no ha venido a ser servido, sino a servir y dar su vida como rescate. Él también les muestra que el derramamiento de su sangre sería su curación y purificación.

Todos los ojos están fijos en Jesús en este momento. Muchos pensamientos pasan por la mente de los discípulos. ¡Qué tremenda paradoja: él, el maestro, haciendo el trabajo de un esclavo! ¡Él, que es el Señor y Rey ha venido a servir! Imagina que esto te ocurre a ti: el mismo Jesús lavando tus pies. Los discípulos están conmocionados; sin embargo, al mismo tiempo están comenzando a entender cuánto los ama Jesús. Aún así, este acto humilde y amoroso es sólo el comienzo de la expresión de la caridad de Jesús.

Habiendo realizado este increíble servicio por sus discípulos, Jesús les dice que deben hacer lo mismo los unos por los otros. Jesús quiere que continúe, a través de nuestras manos, la curación y purificación de un mundo roto, manchado. Jesús glorifica al Padre en nosotros en la medida en que seguimos viviendo este misterio de servicio y de sufrimiento y aceptamos su plan de auto-donación. No respondamos como lo hizo

Pedro: «¡No me lavarás mis pies jamás!» (Jn 13,8). Si decimos «no» a ese lavado, qué desperdicio sería. Sólo si él nos lava primero puede lavar luego a otros a través de nosotros. Si nos negamos a ser sanados y limpiados, no seremos un canal de su curación y limpieza para nuestros hermanos y hermanas. Si le permitimos que nos llene y nos sacie, entonces puede saciar a otros a través de nosotros. Por nuestro bautismo, él está en nosotros, y porque está en nosotros, puede bendecir, sanar, lavar, servir y saciar a otros a través de nosotros.

En la Eucaristía, se revela el misterio de la Iglesia: muchos granos, un pan; muchas uvas, un vino. Como el pan es uno, el cuerpo tiene que ser uno. Si queremos que nuestra Eucaristía sea real, debemos estar preparados para lavarnos los pies unos a otros, ya sea de heridas, pobreza o miseria.

Todos estamos llamados a revelar tanto la sed como la saciedad de Jesús. Este lavado mutuo refleja la vida de auto-donación de la Trinidad. Mi debilidad existe para los dones de otros, y mi don existe para la debilidad de otro. Usemos cada uno de los dones que se nos han dado para que en todo Dios sea glorificado a través de Jesucristo.

Día 34 | La agonía de Getsemaní

Entonces Jesús fue con ellos a un lugar llamado Getsemaní, y dijo a sus discípulos: «Sentaos aquí, mientras voy allí y oro». Y tomando consigo a Pedro y a los dos hijos de Zebedeo, comenzó a entristecerse y angustiarse. Entonces él les dijo: «Mi alma está triste hasta la muerte; quedaos aquí y velad conmigo».

Mateo 26,36-38

Ese terrible anhelo sigue creciendo —y siento como si algo se romperá en mí un día— y luego esa oscuridad, esa soledad, ese sentimiento de terrible soledad. El cielo está cerrado por cada lado... y, sin embargo, anhelo a Dios. Anhelo amarle con cada gota de vida en mí y quiero amarle con un amor profundo y personal.

—Madre Teresa*

El sufrimiento que Jesús soporta en el Huerto de Getsemaní está en el corazón de la Pasión. Pero antes de que tengan lugar los acontecimientos reales, Jesús da su «sí» al Padre. No será arrastrado contra su voluntad a través de todo lo que está a punto de ocurrir. Su «sí» contiene todo lo que significarán esos acontecimientos. Él ve todo lo que está a punto de ser amontonado sobre él —todos nuestros pecados y rechazo— todo ello le costará, y en su amor sediento, con todo, dice «sí».

---

*   Mother Teresa, *Come Be My Light* [Fr. Brian Kolodiejchuk, M.C., editor] (Doubleday Nueva York 2007) 202–203 [trad. esp. Ven, sé mi luz. Las cartas privadas de la santa de Calcuta (traducido por Pablo Cervera) (Planeta, Barcelona 2008)].

La agonía se refiere aquí a la batalla final con las fuerzas violentas del mal, una lucha directa contra todo el poder del infierno: el sufrimiento, el dolor, el miedo, el terror y la muerte. Requiere una gran humildad permitir que otros nos vean en nuestros momentos de debilidad. Sin embargo, Jesús lo hizo. Quería testigos de esta lucha inefable, así que escogió a los mismos tres apóstoles que habían visto su gloria en la transfiguración. Mediante este acto de humildad ganó gloria infinita por una casi infinita agonía. Al mismo tiempo, obtuvo gracias para nosotros en nuestras tentaciones y luchas, y nos dejó un ejemplo de cómo afrontarlas.

En el Huerto de Getsemaní, Jesús fue afligido por tres sentimientos: afrontó la tristeza hasta la muerte; experimentó el rechazo y la repugnancia; y conoció el horror y el miedo. Pidió a sus discípulos que velaran y oraran con él, pero el sueño les superó. Querremos acompañarle en su agonía, permanecer despiertos de modo que podamos velar y orar con él.

Jesús estaba triste por Judas, al que amaba y quería salvar, pero sabía que se perdería. Estuvo triste por todas las almas perdidas por las que había tenido sed, hasta el fin de los tiempos. Estuvo triste por Pedro, tan bueno, y sin embargo tan inconstante, demasiado seguro de sí mismo y superficial en su amor. Estuvo triste por todos aquellos que él elegiría como especiales discípulos suyos que caerían en el letargo de la tibieza espiritual, cuyo espíritu estaría dispuesto pero cuya carne sería débil. Estuvo triste por todos los Apóstoles, sabiendo que le abandonarían y huirían en el momento de su necesidad. Estuvo triste por su amado Israel, por aquellos escogidos por su Padre pero que habían rechazado a su Mesías. Estuvo triste por Jerusalén, la ciudad santa, que pronto sería destrozada y destruida.

Jesús había tomado sobre sí todos los pecados de una raza caída. Él abrazó místicamente la experiencia de ser rechazado y despreciado, desechado y maldito. Satanás le mostró todo eso que se había perdido: todos aquellos que rechazarían el amor del Padre, todo el horror y el dolor de la esclavitud del pecado. Él encontró no sólo el sufrimiento que pronto soportaría, sino el sufrimiento de toda la raza humana. Oyó la risa y la burla del diablo, que pensaba que este era su momento de triunfo, y quien le tentó con la supuesta inutilidad de su sacrificio.

La mayor oscuridad que Jesús encontró fue el peso de una culpa casi ilimitada. Aunque inocente en sí mismo, tomó sobre sí la culpa de todos. Podemos difícilmente imaginar lo que esto significó. Conocemos el dolor de la culpabilidad, incluso por un pecado grave. ¿Cómo debe haber sido tener toda la carga de la culpa y la vergüenza cargada sobre sus hombros? «Por nosotros lo hizo pecado al que no conoció pecado, para que nosotros podamos llegar a ser en él la justicia de Dios» (2 Cor 5,21).

Entonces, como ahora, Jesús tiene sed de nuestro amor. Permanezcamos despiertos, velando y orando con él, y, al igual que el ángel enviado desde el cielo, consolémosle en su angustia. Por este medio, podemos entrar en su sed y así compartir su vida.

Día 35 | Pedro y Judas

Ahora me alegro, no porque os hubierais entristecido,
sino porque vuestra tristeza os llevó al arrepentimiento;
pues os entristecisteis como Dios quiere, de modo que
de parte nuestra no habéis sufrido ningún perjuicio.
Efectivamente, la tristeza vivida como Dios quiere
produce arrepentimiento decisivo y saludable; en
cambio, la tristeza de este mundo lleva a la muerte

—2 Corintios 7,9-10.

*Cuando miro al «Tengo sed», había mucho dolor y
mucho de su preciosa sangre perdida por la flagelación
y la coronación de espinas. Veamos nuestros pecados en
ese precioso Cuerpo, en cada gota de su sangre. Yo estaba
presente… mis pecados estaban presentes allí.
No es sentimentalismo. No cerréis vuestros ojos; mirad,
encontrad allí mis pecados, mi falta de caridad.*

—Madre Teresa (Instrucciones. 1984)

Pedro y Judas: dos hombres, dos discípulos, atrapados en
medio de los acontecimientos que rodearon a la pasión de
Jesús. Comparemos brevemente estas dos almas. Hay algunas
semejanzas sorprendentes entre ellos.

- Ambos fueron escogidos por Cristo para ser apóstoles.
- Ambos conocían a Jesús y compartieron su vida durante
  su ministerio público.
- Ambos habían escuchado la enseñanza de Jesús y había
  visto sus milagros.

- Ambos habían predicado el Evangelio bajo la dirección de Jesús y ellos mismos habían hecho milagros.
- Ambos fueron advertidos de su caída en el pecado en la última Cena.
- Ambos fueron advertidos de que Satanás los buscaba para cribarlos como trigo.
- Ambos, penosamente, fallaron a Jesús.
- Ambos fueron invitados personalmente al arrepentimiento.
- Ambos sintieron gran remordimiento por lo que habían hecho.

Sin embargo, a pesar de todas las semejanzas, existen diferencias muy importantes entre los dos hombres, especialmente en la manera en que respondieron a su fracaso. Desde el principio, el foco de Pedro estaba en Jesús; su dolor era más que el dolor que había infligido a su Maestro. El centro de Judas estaba en él mismo; su dolor era sobre el monstruoso pecado que había cometido y sobre su propio hecho terrible. ¡Qué terrible cosa había hecho! ¿Cómo pudo haber caído tan bajo?

Cuando lamentamos nuestros pecados porque odiamos nuestra vergüenza, cuando caemos en la auto-condenación, cuando nos enfocamos en lo grandes pecadores que somos y en lo necios qué hemos sido, cuando preguntamos cómo es posible que hayamos hecho esto, cuando, en definitiva, nos preocupamos por el yo, todo esto engendra en nosotros la tristeza del orgullo, una tristeza impía que puede llevar a la desesperación y a la muerte, como lo hizo con Judas.

Debido a que la tristeza y remordimiento de Pedro se centraron en aquel al que había herido, su tristeza lo llevó de vuelta a Jesús y a una nueva fortaleza vigorizada por una nueva y más profunda humildad y amor. La suya fue una tristeza que condujo a la alegría. La gran tragedia de Judas es que podría haber hecho lo que Pedro había hecho. Si hubiera cambiado el foco de su alma desde sí mismo hacia Jesús, podría haber llegado a ser un gran santo, incluso con sus faltas y su caída.

Cuando nos acercamos al Señor en la oración y en la honestidad, a menudo nos muestra nuestra pobreza, nuestras debilidades y nuestros errores, no para condenarnos, sino para abordar lo que está corrupto en nosotros y para curarlo. Como con Pedro, nuestros fracasos están pensados para llevarnos de regreso al Señor. Si nuestro arrepentimiento es como el de Pedro, dará sus frutos y conducirá a la alegría. En su profunda sed hacia nosotros, Cristo utiliza todo —incluso nuestros pecados, así es esto de sorprendente—, para llevarnos hacía él. Si abandonamos humildemente nuestros pecados, y se los damos a Jesús, si pensamos en el daño y el dolor que le han causado en lugar de la vergüenza y el auto-desprecio que nos han causado, permitiremos que Jesús convierta ese dolor en curación.

Por tanto, arrepintámonos por todos los medios; pidamos perdón por nuestros pecados. Pero mantengamos nuestros ojos fijos, no en nuestros pecados y en nosotros mismos, sino en Cristo, nuestro Salvador.

Día 36 | Jesús y Pilato

Pilato le dijo: «Entonces, ¿tú eres rey?». Jesús le
contestó: «Tú lo dices: soy rey. Yo para esto he nacido y
para esto he venido al mundo: para dar testimonio de
la verdad. Todo el que es de la verdad escucha mi voz».
Pilato le dijo: «Y ¿qué es la verdad?».

—Juan 18,37-38

*Los misterios de Jesús que la Santa Madre Iglesia nos ayudan
a revivir durante la Semana Santa y la Pascua deben ser
muy especialmente queridos por todas las Misioneras de la
Caridad, ya que es el misterio del rostro doloroso de Jesús,
crucificado por el pecado y para el pecado. Este es el misterio
que más plenamente revela la profundidad de la sed de Dios
que nos devuelve a su amor.*

—*Madre Teresa (Instrucciones, 1996)*

El Sanedrín, consejo de ancianos judíos, no quería que Jesús
muriera en sus manos, haciéndolo así un mártir. No quisieron
emplear motivos religiosos como excusa suya para matarlo
porque entonces parecería que estaba muriendo una muerte
de profeta, que aparecería como algo noble a los ojos de la
gente. Querían que fuera visto como un delincuente común,
reconocido como tal y, por lo tanto, condenado a muerte por
Roma, símbolo de la justicia universal e imparcial. Por ello lo
llevaron a Poncio Pilato, el procurador romano. Pilato pudo
ver algo del orgullo y la envidia que motivaba sus acusaciones.
Pilato era un ex-general, orgulloso, ambicioso y nada amante

de los judíos, pero tenía un innato sentido de la equidad. Trató de liberar a Jesús puesto que no pudo encontrar ningún crimen cometido por él, pero al mismo tiempo, sintió la necesidad de protegerse a sí mismo.

Cuando Pilato preguntó a Jesús acerca de si él era el rey de los judíos como sus acusadores lo habían alegado, Jesús apeló a la integridad de Pilato. Habló con él de verdad y le invitó a abrir su corazón. Pero Pilato rechazó la gracia, temiendo que el precio fuera demasiado alto. Vaciló; estaba indeciso; quería encontrar un bien sustitutivo. Evitando las pretensiones de verdad, excusó su conciencia escapando en la relatividad. «¿Qué es la verdad?», le dijo a Jesús, como si dijera: «¿La voluntad de Dios? ¿Quién sabe? Dios no me ha dado ninguna prueba concreta, así que haré lo que yo quiera, donde quiera, cuando quiera y como quiera. Mi versión de la verdad es todo lo que importa».

Podemos ver en este encuentro la preocupación que tenía Jesús por la salvación de Pilato a pesar del gran dolor que el romano estaba a punto de infligirle. Jesús estaba expresando el perdón del Padre, el amor sediento hacia Pilato. Fue constante en el olvido de sí mismo para saciar la sed del Padre por las almas, a pesar de todas las humillaciones implicadas.

Habiéndose negado a afrontar la verdad en toda su plenitud, Pilato intentó encontrar un camino intermedio. En efecto, dijo a Jesús: «No seré tu discípulo; pero no quiero llevarte a la muerte». Intentó apaciguar a la multitud, primero flagelando a Jesús y, luego, intentando ponerlo en libertad. Pero ninguna táctica funcionó. Sus compromisos con la gracia le llevaron adonde él no quería ir, a la responsabilidad por la muerte de Jesús. Finalmente abdicó de su responsabilidad de elegir lo correcto. Él, simbólica pero inútilmente, se lavó sus manos y entregó a Jesús para que fuera crucificado.

El destino de Pilato es una lección en el peligro de la indecisión frente a la llamada de Cristo. No cabe duda de que había buenas razones para su vacilación; siempre hay buenas razones para eludir la palabra de Dios. Pero la verdad tiene una autoridad propia, y tenemos que responder a las solicitaciones y desafíos de la gracia, para que no nos encontremos, también nosotros, llevados por caminos que no queremos recorrer.

Día 37 | «Tengo sed»

Después de esto, sabiendo Jesús que ya todo estaba cumplido, para que se cumpliera la Escritura, dijo: «Tengo sed». Había allí un jarro lleno de vinagre. Y, sujetando una esponja empapada en vinagre a una caña de hisopo, se la acercaron a la boca.

—Juan 19,28-29

Desde la cruz Jesús grita: «Tengo sed». Su sed fue de almas, incluso colgado allí muriendo solo, despreciado. ¿Quién le llevará esas almas para saciar esa sed del Dios infinito muriendo de amor? ¿Podemos tú y yo continuar a su lado como meros espectadores? ¿O pasar de largo y no hacer nada?

—*Madre Teresa (Discurso, 1986)*

Este es el momento supremo, en que Jesús, en el nombre del Padre, habla de la sed infinita de Dios hacia cada uno de nosotros. Es importante que escuchemos sus palabras y permitamos que entren y penetren en nuestros corazones, derramando su luz sobre cada detalle de nuestra vida de tal manera que vengan a vivir dentro de nosotros. Las respuestas a todas nuestras preguntas se deben encontrar, en definitiva, a la luz de estas palabras y a través de las lentes de este momento. Cualquier oscuridad que pueda molestarnos, ya sea dentro o alrededor de nosotros, encontrará su luz aquí: una luz y un fuego que tiene el potencial de incendiar todo. No importa quiénes somos o lo que hemos sido; este fuego consume y transforma todo en sí mismo. Toca en un misterio demasiado profundo y demasiado sagrado para acercarse a solas. Por eso nuestra Señora está presente en la cruz cuando Jesús pronuncia estas palabras para nosotros. Como Juan, necesitamos coger la mano de nuestra Señora, con el fin de escuchar y responder a Jesús cuando habla de la sed de la Trinidad hacia nosotros, y para comprender, a nuestra vez, lo que va a ser nuestra sed. Nuestra Señora nos ayudará con su presencia, su oración y su ejemplo.

Consideremos a la santísima Madre en la cruz. Esta es nuestra Señora de los Dolores, nuestra Madre sufriente que sigue a su hijo hasta el Calvario. Da testimonio de su sufrimiento y sufre un dolor indecible, y Jesús experimenta el dolor de ver que su amada Madre sufre por él. En este misterio, ella es más Madre para nosotros que nunca. Jesús dice a Juan, justo en este momento: «Ahí tienes a tu Madre». Al situarnos en el corazón de María y ver con sus ojos, percibiremos la profundidad de su sed de amor hacia nosotros, incluso si estamos, incluso si estás en tu peor situación. El dolor de Jesús se convierte en su palabra de revelación, su propia sangre que habla con tanta elocuencia.

Consideremos, incluso hasta el punto de gustar algo de su dolor en el cuerpo y en el espíritu, que Jesús pudo haber terminado su sufrimiento en cualquier momento que él lo hubiera decidido. Podría haber pedido al Padre legiones de ángeles y así evitado todo este angustiante juicio. Pero no lo hizo. Él se entregó voluntariamente a la maldad del hombre para que aprendiéramos a entregarnos a la bondad de Dios. Nuestro lugar es hacernos uno con Jesús cuando se da a sí mismo al Padre, y unir nuestra ofrenda, sea cual sea el sufrimiento que estamos padeciendo, a la suya.

Al encontrarnos bajo la cruz con nuestra Señora, nos damos cuenta de que cuando nos concentramos en la Pasión de Jesús y no en la nuestra, nuestro dolor puede llegar a ser suyo, y su fortaleza puede convertirse en la nuestra. Cristo y su cruz, y las palabras que pronunció desde la cruz, son nuestro única (y sin embargo constante) fuente de fortaleza.

Escuchemos que Jesús nos dice a cada uno de nosotros: «¡Tengo sed!» con sus ojos fijos en nosotros. En esa mirada podemos encontrar la sed eterna del Padre por nosotros. Aquí, al pie de la Cruz, podemos permanecer, no para intentar y sentir mucho, ni siquiera para tratar de consolar, sino simplemente para estar presentes y permitir que Jesús nos lleve más profundamente hacia su sed por nosotros.

Día 38 | Sábado Santo

Porque también Cristo sufrió su pasión, de una vez para siempre, por los pecados, el justo por los injustos, para conduciros a Dios. Muerto en la carne pero vivificado en el Espíritu; en el espíritu fue a predicar incluso a los espíritus en prisión, a los desobedientes en otro tiempo.

1 Pedro 3,18-19

Se supone que debemos saciar la sed de Jesús, y esta sed se nos reveló desde la cruz. No podemos conocer o saciar la sed de Jesús si no sabemos amar y vivir la cruz de Jesús. Debemos estar unidos con Jesús en nuestro sufrimiento, con nuestro corazón lleno de amor al Padre y amor a las almas como fue el suyo.

—Madre Teresa (Carta, 1996)

El Sábado Santo, tiempo en que Cristo está en el sepulcro, nos puede dar una visión única sobre la sed de Jesús. Acompañemos imaginativamente a nuestra Señora cuando ella atraviesa este período tranquilo de la Pasión. El sábado ya había comenzado en la tarde del viernes cuando nuestra Señora volvió caminado al Cenáculo después de los acontecimientos del día. Qué demoledor había sido el día para ella. Lo que había visto y experimentado quedaría grabado para siempre en su memoria. Ella siguió teniendo fe en Dios, pero estaba ahora en las garras del dolor y de la soledad.

Al entrar en el Cenáculo, encuentra a Pedro en la mesa llorando sobre su negación de Jesús. Nuestra Señora viene a él, y en el nombre de Jesús, da su primera insinuación de absolución, los primeros frutos de la crucifixión y muerte de Jesús. «Pedro, ¿sabes lo que dijo antes de morir? "Padre, perdónalos". Él ya ha perdonado, Pedro». La Iglesia redimida, lavada en la sangre de Cristo, comenzó entonces a latir en el corazón de Pedro. La pecadora pero perdonada Iglesia estaba naciendo esa noche mediante el ministerio de María. Ella prepara comida para los apóstoles y los sienta a la mesa, recordando lo que Jesús dijo e hizo. Posteriormente, a medida que van saliendo a rastras uno a uno para dormir, ella apaga la lámpara.

Nuestra Señora despierta al vacío de la mañana del sábado. No hay voz de Jesús. Pasa el día del sábado sin él. Qué distante le parece que está el cielo de ella. Como Jesús en la cruz, su corazón está viviendo en la oscuridad de la fe: «Dios mío, ¿por qué me has abandonado?» Ella hace el desayuno para los discípulos, y otra vez les ayuda a centrar sus mentes fuera de sí mismos, en Jesús, y lo que él había hecho por cada uno de ellos. Su comunidad es reforzada, cuando nuestra Señora realiza su función especial de edificación de la Iglesia.

En un momento durante el día, Juan lleva a Pedro al Calvario. Le muestra a Pedro el lugar donde Jesús fue clavado y donde estuvo levantada la cruz. Al describir la escena, le muestra la sangre en el suelo, las grandes grietas en la tierra del momento en que Jesús murió. Le cuenta a Pedro el gran amor que había visto en los ojos de Jesús cuando pronunció esas conmovedoras palabras: «Tengo sed».

Más tarde en la noche, nuestra Señora está sola en el Cenáculo y orando en silencio, meditando en su corazón todos los acontecimientos de la semana pasada, y comprendiendo el misterio de la redención más profundamente posible por haberlo visto y vivido. Ella piensa en todo lo bueno que vendrá.

Esta sala concreta será el comienzo de la Iglesia, la fuente de la esperanza para la humanidad. Ella comparte el regalo de la esperanza, en primer lugar con los once apóstoles que están tan sacudidos y gravemente necesitados de ella. Muchas de las mujeres que acompañaban a Jesús había venido a lo largo del día para consolar a María en su pérdida, pero fue ella quien las fortaleció y consoló. Desde el principio, ella fue nuestra Señora de la Esperanza.

En el Templo todo es caos y confusión. El velo está todavía rasgado; los sacrificios se han detenido. Hay una atmósfera de culpabilidad reprimida, en todas las reuniones apresuradas, las discusiones, las divisiones, la temida profecía de la resurrección. Lo único en lo que están de acuerdo las autoridades es en que esta llamada resurrección nunca debe suceder. Así, se envían emisarios a Pilato, y pone un sello en la tumba y guardianes para vigilarla. Estos mismos guardias serán los primeros en dar testimonio y contar la resurrección de Jesús. Pero ahora todo es aún oscuridad y desolación.

Y en su oscuro dominio, Satanás tiembla, y con él todas sus huestes, a medida que el significado plena de la muerte de Jesús comienza a surtir efecto.

VII.
Sed saciada

Día 39 | Serenidad pascual

El primer día de la semana, María la Magdalena fue al sepulcro al amanecer, cuando aún estaba oscuro, y vio la losa quitada del sepulcro.

—Juan 20,1

Mirad a María Magdalena; ella amaba mucho a Jesús. Ella fue temprano por la mañana para verlo... ¿Somos así nosotros con la santa Misa, con la oración? ¿Tenemos ese entusiasmo y anhelo de estar con él y correr hacia él?

—Madre Teresa (*Instrucciones, 1994*)

La Pascua es un momento de serenidad. La serenidad especial de este día es el fruto no sólo del Viernes Santo, sino también del Sábado Santo, del «descenso a los infiernos» de Jesús, como dice el Credo. Jesús descendió profundamente al mundo abismal de nuestras almas. Entró en esas zonas de quebrantos y oscuridad dentro de nosotros y las llenó con su vida y con su luz. Luego resucitó y nos ha dado una esperanza nueva edificada sobre la fe pascual. Jesús resucitado sólo puede ser captado por la fe; él va y viene cuando quiere y donde quiere. No podemos agarrarnos ya a él a través de nuestros sentidos, sino sólo en el Espíritu y en la verdad, a través de la fe. Debido a la gran sed de Jesús por nosotros, él no se limita a venir sólo en determinados momentos o formas. Gracias a la victoria de la resurrección, él, el segundo Adán, ha llegado a ser un espíritu que da vida (cf. 1 Cor 15,45). Ahora es libre de expresar su sed en todos los tiempos y lugares, envolverse a sí mismo en el velo de cada acontecimiento, de cada circunstancia, y en cada rostro doloroso. Gracias a la resurrección, no tenemos que correr a la tumba como la Magdalena, en la ansiosa esperanza de encontrarlo, o en el temor de que alguien nos lo pueda haber robado. Él nos prometió que estaría siempre con nosotros.

Por eso, la alegría pascual es pacífica. Jesús ahora está presente no sólo en Galilea o en el Gólgota, sino en todas las cosas. Desde el día de la Pascua en adelante, todos los rincones del tiempo resonarán: «¡Tengo sed!». Somos testigos de la resurrección de Cristo, no porque estábamos físicamente en Jerusalén, sino porque hemos comido y bebido con él. Desde su resurrección, Jesús resucitado ha compartido su vida resucitada con nosotros. Somos los escogidos que han conocido el poder de su resurrección. Hemos sido sumergidos en las aguas vivas, bautizados en la muerte y resurrección de Cristo. Nuestra llamada es que sigamos compartiendo nuestra comunión con el Señor resucitado, bebiendo en su presencia, su saciedad, su curación y el poder de su resurrección. Como testigos de la resurrección, estamos llamados no sólo a hablar de la sed de Dios, sino también a conocer la fuerza del Espíritu y saborear la sed del Padre «derramada en nuestros corazones» (Romanos 5,5).

En nuestros altares, estamos presentes, no sólo en el Calvario, sino también en la resurrección: el resucitado, Cristo glorificado, que alaba al Padre e intercede por nosotros. Aunque ahora no podemos verle, sin embargo, detrás de este velo se yergue el Cordero victorioso y glorioso ante el Padre. La humildad, la pobreza y el ocultamiento de la Eucaristía velan a nuestro glorioso Señor.

Seamos, pues, quienes somos llamados a ser, y donde lo somos llamados, a la diestra del Padre por virtud de la resurrección de Jesús y nuestro bautismo en él. La parte más profunda de nosotros ya ha resucitado con el Señor: estamos ya sentados a la diestra del Padre con él. Ahora estamos esperando el efecto completo del Espíritu en nosotros. Pero estamos resucitados en Cristo; es sólo cuestión de tiempo. Por ello, que nuestros pensamientos están en el cielo, en lugar de fijos en una tierra transitoria. Como Pablo escribe: «Habéis muerto, y vuestra vida está escondida con Cristo en Dios» (Col 3,3).

Somos los testigos de esta realidad invisible, oculta bajo el velo de la pobreza, fracaso y debilidad. No necesitamos esperar nuestra propia resurrección corporal. Nuestra llamada, nuestra especial dignidad, nuestra verdadera vida es una vida escondida con Cristo en el Padre, como él está en la oración, saciedad e intercesión.

Día 40 | El don del Espíritu Santo

Cuantos se dejan llevar por el Espíritu de Dios, esos son hijos de Dios. Pues no habéis recibido un espíritu de esclavitud, para recaer en el temor, sino que habéis recibido un Espíritu de hijos de adopción, en el que clamamos: «¡Abba, Padre!». Ese mismo Espíritu da testimonio a nuestro espíritu de que somos hijos de Dios.

—Romanos 8,14-16

Comunicar el luminoso rostro de Jesús radiante con pureza radiante: ¡radiante!

—Madre Teresa (Instrucciones, 1981)

Durante su tiempo en la tierra, Jesús fue preparando al pueblo de Israel, y de modo especial a sus propios discípulos, para su «hora» de gloria en el Calvario: la revelación del Padre como amor sediento. Sin embargo, esas palabras sacratísimas, «Tengo sed», no eran un fin en sí mismas; estaban pensadas para prepararnos para el gran don, la comunicación del amor sediento de Dios en la efusión del Espíritu Santo. La revelación de la sed de Jesús en el Calvario, preparó el camino para la comunicación de la sed de Jesús el día de Pentecostés.

El Espíritu Santo es él mismo la sed del Padre y del Hijo: él es el don de amor por el que eterna e infinitamente se entregan recíprocamente. Si este Espíritu de amor es capaz de saciar la sed infinita del Todopoderoso, ¿no saciará acaso este don la sed de nuestros corazones y de todo el mundo? Y, ¿no será capaz este Espíritu omnipotente de purificar y divinizar

mi propia sed humana hacia Dios, para saciarle tal como
desearía? Todo depende del don del Espíritu Santo: tanto que
Dios sea saciado como que el hombre sea saciado.

Sin el Espíritu Santo, la Trinidad colapsa en la desunión.
Sin el Espíritu Santo, el Evangelio es letra muerta, la Iglesia
es sólo una organización, las palabras de Jesús en la cruz
son meramente historia, la resurrección no tiene ninguna
relación con nosotros, los sacramentos son rituales vacíos,
Jesús es un recuerdo lejano, las Misioneras de la Caridad son
simplemente un grupo de trabajadoras sociales, y los pobres
no son otra cosa que víctimas desesperadas en un mundo sin
esperanza.

Pero con el Espíritu Santo, todo se transforma. El Evangelio
se convierte, entonces, en la Palabra viva de Dios; la Iglesia
es el verdadero Cuerpo de Cristo; las palabras de Jesús en la
cruz, «Tengo sed», se convierten en una invitación para cada
persona; la resurrección es nuestra victoria sobre el pecado y
la muerte; los sacramentos son vasijas de vida eterna; Jesús
está más cerca de nosotros que lo estamos de nosotros mismos;
las Misioneras de la Caridad son la voz de su sed en el mundo
y un canal para saciarle; y los pobres son el rostro mismo de
Cristo. Y, sobre todo, el amor sediento de Dios se derrama
en todo corazón humano de manera que cada persona puede
ser satisfecha por Dios y él, a su vez, puede saciar a otros.
El simbolismo profético de la Fiesta de los Tabernáculos
se ha cumplido ahora: el crucificado y glorificado Hijo de
Dios ha revelado la sed del Padre y ha derramado sobre el
desierto reseco de nuestro mundo, las aguas vivas del Espíritu
Santo. Nuestro propio desierto comienza a florecer cuando el
Espíritu Santo sacia nuestra sed y nos hace capaces de amar
hasta saciar la sed de Dios.

Si el Espíritu Santo es realmente el «agua viva» que Jesús prometió, ¿por qué descendió en forma de lenguas de fuego? A través de las Escrituras, el Espíritu Santo es comparado con fuego y agua. ¿Cómo encaja esto con el grito sediento de Jesús en la cruz? Consideremos este doble simbolismo del fuego y del agua.

Respecto al fuego, la sed de Dios de amar y ser amado es efectivamente un «*fuego devorador*» (Dt 4,24). Es algo ardiente, dinámico, que quema y transforma. Cualquiera que haya experimentado sed sabe que es verdaderamente un tipo de fuego. El Espíritu Santo, el amor sediento del Padre y del Hijo, está bien retratado tal como vino en Pentecostés como el fuego viviente del amor de Dios. La sed de Dios para amar y ser amado es el fuego abrasador del Espíritu Santo.

En cuanto al agua, como vimos anteriormente, la sed sólo puede ser reparada por la sed, o, en palabras de san Agustín: «Dios tiene sed de que se tenga sed de él». El fuego de nuestra sed sacia el fuego de la sed de Dios. Y el fuego de la sed de Dios —el Espíritu Santo— sacia el fuego de nuestra sed, pues nada nunca nos satisfará.

El Espíritu Santo es, pues, como un fuego para el que ama (ya sea Dios o el hombre), y como aguas vivas para el que recibe amor. Experimentamos el Espíritu Santo como ambas cosas: como un fuego que inflama nuestros corazones con sed de Dios, y como agua viva cuando experimentamos la sed de Dios por nosotros. A través de este doble simbolismo se nos muestra una vez más que Dios tiene sed de nuestra sed, y que su sed se desborda y sacia al mundo entero.

Epílogo | Con los ojos fijos en la recompensa

Sino que, como está escrito: «Ni el ojo vio, ni el oído oyó, ni el hombre puede pensar lo que Dios ha preparado para los que lo aman». Y Dios nos lo ha revelado por el Espíritu; pues el Espíritu lo sondea todo, incluso lo profundo de Dios.

—1 Corintios 2,9-10.

Cuanto más comprendemos esta sed de Jesús, más unidas y más nos acercamos a Jesús porque es la tremenda sed del Corazón de Jesús... Pensad sólo que Dios tiene sed de vosotras y de mí para que nos presentemos a saciar su sed. ¡Sólo pensad en eso!

— Madre Teresa (Instrucciones, 1997)

Experimentar la sed de Dios por nosotros durante nuestra peregrinación terrena es ya encontrar aguas vivas que brotan dentro de nosotros, trayéndonos una paz y una sensación de plenitud que el mundo no puede dar. Sin embargo, como nos dice Jesús, las aguas vivas de su sed son los inicios misteriosos y ocultos de vida eterna, que brotan para la vida eterna. Los primeros indicios del Espíritu de amor dentro de nosotros realmente nos sacian; pero mientras dura esta vida terrenal, anhelamos más, el completo cumplimiento, donde se sienta Cristo, a la diestra de Dios.

Nuestra saciedad completa y duradera sólo podrá lograrse en el reino. Nuestro gusto de ello aquí abajo nos hace añorar el don pleno, y la sed del Cielo. ¿No era este anhelo una de las características más notables de los primeros cristianos, para quienes la memoria de Jesús aún estaba tan fresca y viva? Su proximidad a Jesús produjo su sed del cielo: signo de haber encontrado verdaderamente la sed de Jesús. Si encontramos que no experimentamos el mismo anhelo, significa que el Señor nos está llamando a profundizar y enriquecer el encuentro con su sed.

El anhelo del que estamos hablando no es simplemente un sentimiento, sino un deseo profundo de la voluntad, destinada a ser nuestro estado habitual después de descubrir o redescubrir el amor sediento de amor de Dios por nosotros en Cristo. Lo podemos ver en acción en Pablo. Tras su experiencia de encuentro con Jesús en el camino a Damasco, estaba constantemente dividido entre su deseo de saciar a Jesús con trabajo fecundo entre sus hermanos, y su deseo de ser saciado por él en la gloria, partir y estar con Cristo, pues eso es con mucho lo mejor. El verdadero cristiano conoce la misma tensión y evoca a Pablo cuando dice: «Qué elegiré, no lo puedo decir. Estoy en una dura alternativa» (Flp 1,22-23).

«Lo que ni el ojo vio, ni el oído oyó…» No podemos tener idea humana de la gloria del cielo, pero el Espíritu, el agua viva del amor de Dios, ya ha comenzado a revelárnoslo dándonos a beber de la sed del Señor. Juan nos dice que «seremos semejantes a él» —que seremos una pura sed de amor de Dios—, porque «lo veremos tal cual es» (1 Jn 3, 2). Incluso ahora, el encuentro de la sed de Jesús se despierta y pone de manifiesto nuestra propia sed de él. Sabemos lo que pueden producir en nuestro espíritu amar y desear el raro toque de gracia, incluso en esta parte del velo. Sólo podemos imaginar el pleno, gozoso, extasiado, incesante derramamiento de sí en amor y la unión que nos espera con la plena experiencia sin velo de la sed infinita de Dios hacia nosotros.

Al llegar al final de nuestras meditaciones sobre la sed de Dios, recordemos las palabras de Jesús: «La medida que deis será la medida que recibiréis» (Mt 7,2). El grado de mi sed por Jesús en la tierra será el grado de mi saciedad en la gloria. El eterno encuentro con toda la fuerza de la sed de Jesús no será una experiencia estática; por el contrario, será una «travesía» eterna, cada vez más profunda en la sed divina. Este misterio ya está actuando dentro de nosotros. Nuestra resurrección y ascensión espiritual en el bautismo es la semilla de nuestra plena resurrección y de la ascensión en el Reino futuro. Las aguas vivas ya se han derramado en nuestros corazones, y la experiencia de la sed de Jesús seguirá creciendo, brotando dentro de nosotros hasta la vida eterna.

¿De qué se trata eso de ser Católico?

Descubre la verdad de tu
fe Católica con una muestra
gratis de **formed.org**.

FORMED®

UN AÑO.
20 MINUTOS AL DÍA.

Descubre el poder y las maravillas
de la Palabra de Dios con la Biblia
en un año. Su formato simple te guía
a través de los 73 libros de la Biblia
en tan solo un año.

Más información en **CatholicBibleInAYear.com**